Genusslexikon

August F. Winkler

Von A wie Amuse-Gueule
bis Z wie Zigarre

Impressum

Text: August F. Winkler

Genusslexikon

Weitere Titel des B3 Verlages unter www.bedrei.de

Artwork, Satz und Umschlag: Norbert Hetkamp

Druck und Bindung: Fuldaer Verlagsanstalt

1. Auflage
ISBN 978-3-938783-24-5

Inhalt **Genusslexikon**

Inhalt **Genusslexikon**

Die Kunst des Genießens

Hunger und Durst sind zwei Weltmächte, die nie satt sind, was gut ist, denn ewige Sattheit wäre das Ende aller Hoffnung und würde uns so herrlicher Erlebnisse berauben, wie das Schicksal sie immer wieder bereithält: in der Liebe, einem köstlichen Mahl, großem Wein, feiner Zigarre, gutem Gespräch. Den schönsten, jedenfalls komfortabelsten Weg zu solchen Genüssen bietet die Gastronomie. Ob es die Kneipe ist, das Bistro, ein Café oder das Restaurant: Man setzt sich, wird bedient und genießt. Und Genuss ist das Talent, sich das Leben auf kultivierte Art auch heiter durch die Bratröhre, das Weinglas und den silbrigen Rauch einer Zigarre anzuschauen.

Wie wichtig ganz allgemein die Pflege der Genusskultur ist, lehren täglich Bürokraten, Politiker, selbst ernannte Volksgesundheitsapostel sowie Ideologen mit Geboten und Vorschriften, wie wir zu leben haben. So mancher Prophet des Verzichts ist zwar nur ein Clown des Pessimismus. Aber wer morgen noch nach seiner Façon leben will und nicht in einem Getto von Gesetzen, muss sich zeitig dagegen wehren. Das hat nichts mit oberflächlichem

Hedonismus zu tun, auch nicht zwingend mit Geld, sondern mit stilvoller Lebensart.

Gewiss, ein bisschen Bares steht dem Genießen mitnichten im Wege; es vermag ein goldener Schlüssel ins Reich der sinnlichen Erlebnisse zu sein. Aber eines kann man nicht: sich Genuss erkaufen. Das Talent zum heiteren, unvoreingenommenen Genießen kommt von innen, aus einem selber heraus. Dazu gehört Großmut und gleichzeitig Demut in dem Sinne, dass man die hübschen Vignetten des Lebens nicht selbstverständlich wie im Abonnement hinnimmt. Wer täglich nur vom Feinsten und Teuersten nascht, dem ergeht es bald so, wie es Goethe, der Altmeister des Genießens, im Faust beschrieben hat: "So tauml ich von Begierde zu Genuss, und im Genuss verschmacht ich nach Begierde." Zu viel des Guten macht teilnahmslos.

Genuss ist die einfachste, unkomplizierteste Sache der Welt. Das Baby genießt an der Mutterbrust so hingebungsvoll wie später der Erwachsene eine Flasche guten

Wein. Ein Sonnenuntergang in den Alpen oder am Meer kann dich beglücken wie ein Bild von Matisse oder die Neunte von Bruckner. Ein Apfel, frisch vom Baum gepflückt, ist nicht weniger Genuss als ein mit bestem Olivenöl beträufeltes Brot oder eben ein Essen im luxuriösen Dreisternetempel.

Die natürliche Ästhetik eines vom Wasser vollendet glatt geschliffenen Kieselsteins kann man genießen wie das Funkeln eines Hochkaräters. Zuschauen, wie die Wolken am Himmel dahinfliegen kann so genüsslich sein wie ein Hefeweizenbier nach dem Tennis oder die spontane Liebe am Nachmittag. Sich beim Schneider schöne Stoffe aussuchen, das ist Genuss wie Barfußlaufen über eine Sommerwiese oder das Fahren in einem Ferrari. Genuss heißt auch, Essen und Trinken nicht als Schikane der Natur zu begreifen, weil die Leibmaschine geschmiert werden muss, sondern als Kür, die unser Leben bereichert.

Kurzum: Wenn es dem Leib gut geht, singt auch die Seele. Genießen ist schließlich ein Ernstnehmen der Schöpfung.

August F. Winkler

A

Amuse-Gueule: Auch Amuse-Bouche genannt. Heißt so viel wie Gaumenfreude oder Gaumenkitzel. Kleine Leckereien, die in der gehobenen Gastronomie als "Gruß aus der Küche" gratis zum Auftakt des Menüs serviert werden, also noch vor der Vorspeise.

Aperitif: Die erste Pflicht des Apero ist das Wecken der Sinne, das sanfte Öffnen von Leib und Seele für die Wohltaten aus Küche und Keller. Er soll den Gaumen netzen, zugleich überleiten vom stressigen Alltag zum Leib und Seele entspannenden Mahl. Eiskaltes erschreckt, Parfümiertes sättigt, Würziges vernebelt, Hochprozentiges betäubt. Da bleibt nicht viel über. Sherry ist ein geborener Aperitif, zumal wenn es ein trockener Fino mit nussigem Aroma ist (Klasse hat beispielsweise der von Emilio Lustau) oder ein leicht salziger Manzanilla. Weniger geläufig ist der Pineau de Charente, eine recht aparte Liaison aus Traubenmost und frischem Cognac-Destillat. Hohen Glamour-Status genießt derzeit Rosé-Champagner, doch der Kenner hält sich lieber an einen Blanc de Blancs (so heißen Champagner, die nur aus der weißen Rebsorte Chard onnay gemacht sind - sie sind schlanker, graziler als die anderen, die aus roten und weißen Trauben gekeltert werden und fleischiger schmecken). Desgleichen frommt ein Glas Bier dem Magen, speziell ein herbes Pils oder Kölsch. Aber der Klassiker unter den Aperitifs ist nun mal der Dry Martini aus bestem Gin, Noilly Prat und der Olive mit Stein und nichts sonst: unsterblich und doch selten richtig komponiert (siehe unter "M").

Immer passend ist auch ein schlank und herb ausgebauter Muskateller, wie er in der Südsteiermark vollendet gekeltert wird. Auch Cocktails auf Gin-Basis bereiten den Magen auf die kommenden Genüsse vor. Das klügste Wort zum Thema stammt von Luis Buuel, dem großen Surrealisten und leidenschaftlichen Bar-Gänger: "Die heilige Stunde des Aperitifs gehört zelebriert wie ein sehr feierliches Ritual."

|----- ***Aroma:*** Laut Brockhaus "der Wohlgeruch, der meist durch flüchtige ätherische Öle hervorgerufen wird". Ursprünglich steht das griechische Wort für Gewürz, und tatsächlich begann die Aromaküche in Europa mit der Entdeckung der Gewürzschätze aus Arabien und Indien, später auch aus Südamerika und Afrika. Jede Esskultur hat ihren eigenen Umgang mit Aromen. Von den Sinneseindrücken, die beim Essen wie beim Trinken empfangen

werden, sind es die Düfte, die wir am stärksten wahrnehmen und die uns den meisten Genuss verschaffen. Allein mit den Basis-Geschmäckern süß, sauer, salzig, bitter, den Empfindungen hart und weich, fest und flüssig, warm und kalt wäre Essen nur eine bescheidene Freude. Erst die Aromen machen es zum Erlebnis. "Das Aroma der Gewürze", schreibt der Kulturwissenschaftler Wolfgang Schivelbusch, "wird als ein Hauch verstanden, der aus dem Paradies in die menschliche Welt herüberweht."

|----- ***Auftunken:*** Eine köstliche Sauce wird der Genießer nicht wegtragen lassen, sondern stückchenweise mit Brot auftunken. Das ist direkter Genuss und zudem das schönste Kompliment an die Küche - nach dem Motto: Wer die Form beherrscht, der kann sie auch durchbrechen!

|----- ***Austern:*** Gehören - wie Muscheln - zur Familie der Schalentiere. Am Meer gibt es dieses Naturwunder das ganze Jahr über, doch im Binnenland gelten die kühleren Monate mit "r" im Namen als ideale Zeit für Auster & Co, also: September bis April und teils noch der Mai. Die in ihrem selbst gebauten Bett aus wunderbar

glattem, in vielen Facetten glänzendem Perlmutt liegende Auster ist ein Geniestreich der Natur: kühl, schön, aphrodisisch angehaucht, ein luxuriöses Stück Rohkost, bestehend aus 83 Prozent Wasser, 9 Prozent Eiweiß, 4,8 Prozent Kohlenhydrate, 1,2 Prozent Fett plus Vitamine und Mineralstoffe wie Calcium, Magnesium, Zink, Eisen, Jodid, Phosphor.

Novizen, die sich erstmals einer Auster nähern und Skrupel haben, denen sei etwas Zitronensaft empfohlen. Nach drei Dutzend zum Eingewöhnen sollte auf jeglichen Zusatz verzichtet werden. Pur, wie die Natur sie schuf, schmeckt die Auster nun mal am besten.

Grob gebündelt gibt es zwei Haupttypen. Zur Gruppe der glatten, rundlich geformten, sanft gewölbten "Ostrea edulis" zählen beispielsweise die Belons aus Frankreich, die Imperiales aus Holland, die dänische Limfjord, die kapitale amerikanische Blue Point sowie die besonders delikaten Whitestable und Colchester aus englischen sowie irischen Gewässern. Kerniger im Geschmack und uriger in der Form sind die länglichen, wild zerklüfteten Felsenaustern, die der Franzose "Creuses" nennt. Der

Zusatz "Claires" weist auf die Zucht in Salzwasserteichen hin. Aus deutschen Meeren gehört die "Sylter Royal" zu dieser Gruppe. Die Belons haben ein mildes, zartnussig angetöntes Aroma, während die Felsenaustern so wild schmecken, wie sie aussehen; sie sind salziger, auch jodiger als die sanfteren Belons.

Zur natürlichen Unschuld der Auster passt am besten Wein. Ideale Begleiter sind trockene Weißweine, weder säurebetont (wie junge Rieslinge) noch gar parfümiert (wie Gewürztraminer). Ein Chablis ist stets eine gute Wahl. Auch ein zarthefiger Muscadet sur lie, ein Sancerre oder der aromastarke Clos de la Coulée de Serrant von der Loire harmonieren mit der Auster. Spanien bietet mit dem Albarino aus dem galicischen Nordwesten delikate Begleiter.

B

|----- ***Balsamico:*** Ein spezieller Artikel in der Weltgeschichte des Essigs ist der leger "Balsamico" titulierte "Aceto Balsamico Tradizionale di Modena". Dieser Essigtyp aus der norditalienischen Provinz Reggio Emilia ist zum Küchenstar geworden, doch muss hier streng differenziert werden. Was üblicherweise in den Handelsregalen als Balsamico angeboten wird, ist simple

Massenware, mit Karamellzucker, Malz, Pflaumensaft und ähnlichen Aromen sowie Farbzusätzen verschnitten. Diese billigen Plagiate mit dem vordergründigen, pappig-süßlichen Geschmack sind vom wahren Balsamico unendlich weit entfernt, aber sie werden gekauft, weil es als ritzy gilt, mit Balsamessig zu renommieren, auch wenn es das industrielle Fließbandprodukt für 3,60 Euro ist.

Der authentische Balsamico hat den Zusatz "Tradizionale" und ist eine rare Köstlichkeit, die man tröpfchenweise benutzt und genießt - zumal der Preis für ein 0,1-Liter-Flakon im Schnitt bei 70 Euro und mehr liegt. Der echte Balsamico wird nicht aus Wein, sondern aus gekochtem Traubensaft zubereitet, der viele Jahre lang in diversen Holzfässern (Eiche, Kastanie, Maulbeere, Kirsche, Esche, Wacholder) auf Dachböden seiner Vollendung entgegenreift. Durch das komplizierte und zeitaufwendige Verfahren bekommt der Tradizionale seine distinguierte Süße, deren Tiefe nichts Klebriges an sich hat. Daneben gibt es "Balsamicos" um die 20 bis 30 Euro pro halbem Liter, die nicht so aufwendig wie der Tradizionale hergestellt werden, doch einigen Speisen, wie etwa einem Risotto, glasierten Karotten, Erdbeeren oder frischem Ziegenkäse, gut bekommen.

Täglich Balsamico wäre freilich übertrieben und obendrein ignorant. Denn für guten Essig gilt das Gleiche wie beim Wein, seinem engen geistigen Verwandten: Zur Kultur wird der Umgang erst durch die elegante Nutzung der Vielfalt - und dazu gehört, dass für jeden Salat, jede Sauce, jede Marinade, jedes Produkt und jede Speise eine Essig-Spezies der ideale Partner ist. Abseits von küchenpolitischen Ehen ist ein Löffelchen Balsamico pur am Morgen das ideale Stimulans, um den Tag schwungvoll zu beginnen und Pläne zu schmieden.

|----- ***Bar:*** Der Gentleman und auch die Lady brauchen nie lange nachzudenken, wie sie die Abende inszenieren. Sobald die heilige Stunde des Aperitifs schlägt, gehen sie, erfasst von einer Sehnsucht nach gedämpftem Licht und dem melodiösen Klirren der Gläser, in eine American Bar. Der erste Drink ist der wichtigste. Er wischt dir den Alltagsstaub von der Seele und stellt die Weichen für das Kommende. Die Bar ist ein idealer Ort der Inspiration, auch der versonnenen Kommunikation, in jedem Fall die Heimat der Heimatlosen - und sei es nur für einen Abend. Solche Bars ohne Strip und Nepp sind Kammerbühnen des Lebens, auf denen die zarten

Stückerln zu zweit ebenso gespielt werden wie die sentimentalen Soli. Man plaudert, wenn man Lust dazu hat, ansonsten hört man zu, denkt nach oder trinkt sich einige Millimeter an der nicht immer golden unterlegten Realität vorbei. Du suchst die Einsamkeit, willst jedoch nicht alleine sein? Du suchst Gesellschaft, nur nicht eine x-beliebige? Du willst was trinken, aber nicht irgendwas? Die Antwort ist immer die Bar.

In Europa ist die American Bar in den 20er-Jahren des vergangenen Jahrhunderts populär geworden. Das Urmodell stammt, wie es der Name signalisiert, aus Amerika, aus der Pionierzeit, wo simple Bretterbuden, in denen es neben Lebensmitteln und Utensilien des täglichen Bedarfs auch Schnaps und andere Alkoholika gab, als "Bar-rooms" bezeichnet wurden. Im "Dictionary of American Slang" ist die Bezeichnung "Bar-room" bereits für das Jahr 1807 nachgewiesen, doch kann man sicher sein, dass es derartige Einrichtungen schon länger gab. "Bar" hat nämlich auch die Bedeutung von Stange, Stab, Querholz - den einen bot sie Schutz, den anderen war sie der letzte Halt.

In der klassischen Bar trank man früher außer Whisky und Brandy bevorzugt Cocktails. Heute gehört auch das Glas Wein, Champagner, selbst Bier und Cola zum Repertoire. Für notorische Barfliegen gibt es einen ziemlich festen Komment, was die Getränke in der Bar betrifft. Obenan in der Hierarchie stehen: Cocktails, Malt-Whisky, Champagner, Cognac, Port, Sherry, Wein, basta. Dass es sich um die jeweils besten Sorten handeln muss, versteht sich von selbst. Nur wer sich hasst, trinkt Halbheiten.

Barrique: Ein 225-Liter-Holzfass, traditionell im Bordelais. Von einem Barrique-Wein spricht man speziell, wenn das Holz - bevorzugt Eiche - neu ist und seine natürlichen Aromen sowie Gerbstoffe (Tannine) an den Wein abgibt. Jede Holzart verfügt über individuelle Aromen, wie Vanille, Minze, Nelke, Pfeffer, Tabak & Co. Durch das "Toasten" der Innenseite des Fasses über Feuer bekommt das Barrique zusätzliche Röstaromen von Bitterschokolade bis Kaffee. Die Kunst des Kellermeisters liegt nun darin, den Wein durch die Barrique-Gewürze anzureichern, doch nicht zu übertönen. Zu viel Vanille, Kaffee oder Minze ist ordinär, man spricht von überholzt, ironisch auch von "Château Sägewerk".

|----- ***Beef tatar:*** Eine Zeit lang war das Gericht, das auch Beefsteak tatar genannt und wahlweise Tartar geschrieben wird, auf geheimnisvolle Weise, eigentlich grundlos verschollen, doch ebenso plötzlich feiert es Urständ, dieses Sashimi vom rohen, gehackten Rindfleisch mit den vielen Zutaten. In der gehobenen Gastronomie wird es als Amuse-Gueule vorab serviert, ansonsten lautet im Restaurant die Frage, ob der Gast das Gericht selber anmachen oder es sich vom Service inszenieren lassen möchte.

Zur klassischen Rezeptur gehört neben geschabtem Fleisch von Filet oder Hüfte - Kenner machen das mit dem Messer und verachten den Fleischwolf - eine Reihe von Ingredienzen wie Senf, Salz, Pfeffer, edelsüßer Paprika, Schnittlauch und ein rohes Eigelb, flankiert von milder Zwiebel, Gürkchen, Kapern, Sardellenfilets, etwas Zitrone, Estragonessig, Pflanzenöl und Sahne, nach Belieben auch Worcestershiresauce, Ketchup, Tabasco und Kaviar. Bei der italienischen Variante wird aufs Ei verzichtet und stattdessen mit Olivenöl geschmiert.
Das "r" soll übrigens wegen der Tartaren ins Tatar gehievt worden sein - und zwar in Anlehnung an den Tartarus,

den griechischen Höllenfürsten, der wie das mongolische Reitervolk, das einst auf seinen Kriegszügen angeblich alles kurz und klein schlug, nichts Gutes verheißt.

----- ***Besteck:*** Die erste Pflicht von Löffel, Gabel und Messer ist naturgemäß die Hilfe beim Zerkleinern der Speisen und deren Transport zum Mund. In manchen Restaurants wird jeweils nur das für den Gang benötigte Besteck eingedeckt - also gibt es keine Irritation. Aber auch dann, wenn der Service gleich für das ganze Menü eindeckt und rechts zwei bis drei Messer plus ein Löffel liegen, links vom Platzteller die entsprechende Anzahl von Gabeln und oberhalb des Platztellers das kleine Dessertbesteck aus Gabel und Löffel, eventuell ergänzt durch einen Saucenlöffel, besteht kein Anlass für Verwirrung, denn die Regel ist einfach: Benutzt werden die Essinstrumente stets von außen nach innen.

Was wenige wissen: Die Gabel spielt erst seit etwa 200 Jahren ihre feste Rolle als Essbesteck. Noch im Jahre des Herrn 1540 entsetzte sich Martin Luther über ein Essinstrument, das heute jedem Kind geläufig ist. "Gott behüte mich vor Gabeln", sagte der Reformator, sich spreizend gegenüber dem Ansinnen, dies neumodische Gerät zu benützen, das damals nur zwei, maximal drei Zinken hatte und zum Herausfischen von Fleisch aus Schüsseln sowie zum Zerlegen der großen Braten diente.

Zwar hörte man bereits im 11. Jahrhundert von der Frau des venezianischen Dogen Orseolo II., einer gebürtigen Byzantinerin, sie lasse von Eunuchen die Speisen klein schneiden, um sie, solcherart portioniert, zierlich mit einem Goldgäbelchen in den Mund führen zu können, aber das wurde allgemein spöttisch belacht. "Wie kann Salat schmecken, wenn ich ihn nicht mit den Fingern esse?", notierte 1648 ein deutscher Reisejournalist. Erst im späten 17. Jahrhundert, zunehmend im 18. Jahrhundert etablierte sich die Gabel als unverzichtbares Teil des dreiteiligen Besteckensembles.

Über die Esshilfe hinaus vermitteln Gabel und Messer in der Art, wie sie auf dem Teller abgelegt werden, auch ein Signal an den Service: Gekreuzt drapiertes Besteck heißt: "Ich mache eine Pause, esse weiter"; ist es parallel quer auf dem Teller angeordnet, lautet der Code: "Ich bin fertig, bitte abräumen".

Bistro: Das ist ein Restaurant im Freizeitlook. Die Urform ist eine Pariser Institution, angeblich von russischen Kosaken 1815 eingeführt, als diese in Gaststätten "bistro" (auf Russisch heißt bistro schnell) ihr Essen haben wollten. Das optische Kennzeichen eines wahren Bistros ist die lange Theke, an der ebenso gespeist werden kann wie an den Tischen. Das Ambiente ist im Bistro schlichter als im Gourmetrestaurant, die Tischkultur einfacher, die Speisekarte kleiner. In der Regel gibt es mehr offene Weine, auch Bier vom Fass, Atmosphäre und Service sind leger.

Blütenküche: Man muss kein Blumen-Gourmet sein, um zu wissen, dass Freilandrosen betörend duften und auch geschmacklich voller Süße sind. Rosenblätter sind der kreative Pfiff mancher Bowle. Und die bunten Blüten von Kresse, Zucchini und Kürbis erfreuen über das Dekorative hinaus durch feinwürzigen, apart säuerlich unterlegten Geschmack. Die Blüten der Ringelblume machen sich geschmacklich gut mit Schnittlauch oder Dill; einen besonderen geschmacklichen Effekt geben sie einem Kartoffelpüree. Kleine Stiefmütterchen kann man wie Veilchen kandieren oder zum

Aromatisieren von Essig verwenden. Köstlich schmecken gebackene Rosenblätter mit Balsamico-Erdbeeren. Die frisch erblühten Köpfchen des Schnittlauchs haben ein sanftes Zwiebelaroma. Lindenblüten schmecken apart auf einem Rührei, und Schlüsselblumen ergeben auf der Basis einer safranisierten Hühnerbouillon eine köstliche Suppe. Feinschmecker lassen solche Blüten niemals auf dem Teller liegen.

Weit ungewöhnlicher als derlei blümerante Küchenstückerln ist freilich ein Essen, bei dem Blumen nicht nur schöne Form sind, sondern der Inhalt jedes Speisegangs, zumindest dessen hauptsächlicher Aromafaktor. So ein Blumenmenü beginnt beispielsweise mit einem Salat aus Hibiskus-, Lilien-, Stiefmütterchen- und Fuchsienblüten mit Kapuzinerkresse und einigen Blättchen Löwenzahn, angemacht mit einer raffinierten Vinaigrette aus Himbeeressig und Walnussöl. Gang Nummer zwei ist eine "Blütensuppe" aus Rosen und Chrysanthemen. Danach folgt der Hauptgang: Hummer, über Kamille gedämpft und mit den Blüten angerichtet. Ein Rosen-Sorbet, gefolgt von einem Geranienpudding, beschließen das Essen.

Chrysanthemen schmecken ein bisschen wie Blumenkohl, Fuchsien wiederum haben ein ganz eigenwilliges, schwer zu beschreibendes Aroma, der süßliche Borretsch ähnelt geschmacklich der Gurke. Naturgemäß ist nicht jede Blume essbar und keineswegs jede Blüte in der Küche brauchbar. Hinweise darauf findet man in der botanischen Literatur, seit Kurzem auch in einschlägigen Büchern über die Blümchenküche. Besonders geschmackvoll werden einem Blumengerichte in den Restaurants unserer Meister nahegebracht. Heinz Winkler ist so ein Spitzenkoch mit Poesie und Phantasie, der in der "Residenz" in Aschau nahe dem Chiemsee seine Küche regelmäßig auch mit Blumen anreichert. Einmal begeistert er seine Gäste mit einer Kartoffelsuppe, die durch Gänseblümchen aromatischen Effet und zarten Charme bekommt, dann schmückt er ein Tauben-Carpaccio mit Begonienblüten oder dekoriert ein Fischgericht mit Blüten von Kresse oder Kürbis.

Mittlerweile schon Standardgerichte in Küchen sind beispielsweise gebackene Zucchiniblüten, ein Melonensorbet mit Duftgeranien, Apfelgelee mit Jasmin und derlei Apartheiten. Ein bekanntes Stück aus der bodenständigen

Küche sind Holunderblüten, in einen dünnen Beignetteig getaucht und in heißem Öl herausgebacken. Bunte Blütenbutter ist dekorativ und zudem kinderleicht herzustellen. Man nehme etwa 200 Gramm Butter, weich und schmiegsam gemacht, würze nach Gusto mit Salz und Pfeffer, mixe darunter die gewünschte Blütenpracht - entweder klein gehackt oder ganz gelassen -, gebe der Sache eine Form (attraktiv machen sich Rollen) und lasse die Butter circa eine halbe Stunde lang im Kühlschrank kalt und somit fest werden. Bestens geeignet sind die Blüten von Zucchini, Kürbis und Kapuzinerkresse. Die solcherart quasi intarsierte Butter passt zu kross getoastetem Weißbrot, zu Nudeln und Fischgerichten.

Als geradezu ideale Partner heißen kreative Patissiers die Blumen und Blüten in ihrer süßen Werkstatt willkommen. Man denke an so Klassiker wie Veilcheneis oder kandierte Rosenblätter. In der Züricher Confiserie Schober werden kandierte und kristallisierte Blütenblätter einzeln oder als 50-Gramm-Packung verkauft. Das zeugt von Nostalgie, denn Veilchenblüten werden seit Jahrhunderten in Küchen und Backstuben verarbeitet. Kristallisierte Veilchen schmückten im Mittelalter an den

Höfen der Fürsten und Äbte allerliebst Torten und Kuchen. Später füllten Veilchen, zusammen mit kleinen Silberkügelchen, die Pralinenzwischenräume der Bonbonnieren aus und verfeinerten in Form getrockneter Blüten herzhafte Gerichte wie Fleischsülzen oder, ebenso kühn wie elegant und lecker, einen Salat aus Spargel und Bohnen.

Die Krönung aller Risotti, so meint die Kochbuch-Autorin Diane Seed, sei das "Risotto delle Rose", auch das Mahl der Liebenden genannt. Die gehaltvoll gewürzte und mit gehobeltem Käse bestreute Kreation wird mit vier frischen, soeben erblühten Rosen geschmückt. Das Gericht soll erstmals bei den romantischen Tête-à-Têtes des exzentrischen Dichters Gabriele d'Annunzio mit der berühmten und nicht minder exzentrischen Schauspielerin Eleonora Duse kredenzt worden sein und bei dem Paar für erhebliche erotische Stimulanz gesorgt haben.

Bouillabaisse: Wer weiß schon genau, woran es liegt, dass die französische Riviera so positiv auf des Menschen Körperchemie wirkt. Es mag die würzig durchwobene Luft sein oder das berühmte Licht, das selbst die Regentage farbig erscheinen lässt. Eine Quelle der Glückseligkeit ist auch die mediterrane Küche, und dies gilt speziell für die Bouillabaisse. Aber die wahre muss es sein, eine von öliger Konsistenz, goldgelb gefärbt vom Safran, verführerisch nach Knoblauch duftend und flankiert von Weißbrot nebst dem berühmten Klacks Rouille. Die Herkunft liegt im Dunkel. Aus Karthago soll sie stammen, sagen die einen. Damit macht man sich in Marseille natürlich nicht beliebt, denn die Marseillaner schwören auf ein Urheberrecht in Sachen Bouillabaisse. In Griechenland, das ebenfalls auf eine Art Bouillabaisse einen Anspruch anmeldet, heißt es, Venus habe im Olymp das leckere Süppchen erfunden, als sie Vulkan, ihren Gatten, schläfrig machen wollte - Fischsuppen mit reichlich Safran sollen angenehm müde machen -, um heimlich mit Mars zu kuscheln.

Egal, die Bouillabaisse ist ein göttliches Gericht. Fest steht zudem, dass sie im Laufe der Jahrhunderte rezeptiv stetig verändert worden ist. So lebhaft über die einzelnen Zutaten gestritten wird, so einig sind sich die Exegeten, dass die Bouillabaisse erstens frisch und zweitens schnell zubereitet werden soll. Man muss aus ihr noch das

Aroma des Mittelmeeres schmecken. Zum allgemeingültigen Kanon der Bouillabaisse gehört außer der kurzen und heftigen Garzeit - in einer Viertelstunde muss der Topf vom Feuer sein -, dass es nicht ohne Rascasse (Drachenkopf) geht, aber nicht mit Rascasse allein. Der Rascasse, ein grober Fisch mit Stacheln, hat kein großartiges und schon gar kein feines Aroma, aber sein Fleisch bringt den Geschmack der anderen Fische auf geheimnisvolle Weise besser zur Geltung. Und davon nimmt man, was das Meer gerade bietet, vom Seeteufel über die Muräne, den Aal, den Loup (Wolfsbarsch), den Knurrhahn, St. Pierre, Rouget (Rotbarbe), Seezunge und Klippenbarsch bis zum Merlan. Muscheln und dergleichen Meeresfrüchte gehören eher in die atlantische Bouillabaisse, während die Pariser Variante auch Hummer, Langusten und Krebse vorsieht. Aber die Pariser schmieren die Bouillabaisse auch mit Butter, was man an der Riviera entrüstet ablehnt; dort ist nur Olivenöl erlaubt.

Deutlich aufgewertet wird die Bouillabaisse übrigens, wenn man sie mit einem "Fumet" anreichert. Dafür kocht man ganze Fische (wie Brassen) zusammen mit Karotten, Zwiebeln, Lauch, Schalotten und etwas Weißwein etwa fünf bis acht Minuten in Wasser, passiert das Gemenge durch ein Sieb und "feuchtet" damit die Bouillabaisse an. Das zweite Geheimnis ist das Marinieren: Die Fische werden, nachdem sie abgeschuppt, ausgenommen und in Meerwasser gewaschen worden sind, mit Olivenöl, Safran und etwas Anislikör eingerieben, ferner mit einem Hauch Vanille beträufelt. Das gibt der Suppe jenen exotischen Hauch, an dem Gastrokritiker dann lange rätseln.

Ein weiteres Geheimnis liegt schließlich im Gebrauch des Safrans. Man teilt ihn. Die eine Hälfte kommt - siehe oben - in die Marinade, die zweite wird erst kurz vor dem Servieren, eventuell aufgelöst in etwas Fenchellikör, hinzugegeben. Es versteht sich, dass diese Aromen nur mit Fingerspitzen dosiert werden sollen, damit sie den Fischgeschmack nicht übertönen. Das ist wie beim Make-up: Es soll unterstreichen, nicht maskieren. Wer pikante Schärfe mag, löffelt sich halt mehr von der Rouille in seinen Teller. Das ist die dicklichem rotem Senf gleichende Mischung aus Knoblauch, rotem Pfeffer, geriebenem Brot, Olivenöl und Fischbouillon. Die Rouille gehört als Klacks auf die Bouillabaisse wie der saure Rahm zum russischen Borschtsch.

Bowlen: Jede Zeit hat ihre Moden. Noch vor zehn Jahren, als die "beautiful people" in den einschlägigen Szenelokalen tropische Longdrinks und ähnlichen Trinkfummel, reich an Farben und Zucker, doch arm an Persönlichkeit, bevorzugten, standen Bowlen im gesellschaftlichen Out. Sie waren ungefähr so zeitgeistig wie Saurier. Aber wie das halt so ist im Leben: Die wirklich guten Dinge überdauern alle modischen Berg-und-Tal-Fahrten. Und so erleben wir am Beginn des neuen Jahrtausends die gloriose Wiederkehr der Bowlen. Insbesondere die Sommerbowle wird von einem bestrickenden Charme und dem Reiz ewiger Jugend umgeben.

Bowlen sind von Haus aus eine klare Sache. Zucker hat eigentlich nichts in ihnen verloren, es sei denn, man nimmt sehr herben Wein oder hat ein starkes Bedürfnis nach Lieblichkeit. Aber bitte, gut und schön ist, was gefällt. Auch die Zugabe von Cognac, Rum, Arrak oder Likören, wie in manchen Rezepturen empfohlen, ist Geschmackssache. Alkohol vermag der Bowle etwas "Feuer" zu geben, macht sie aber auch schwerer und härter. Sekt vermittelt der Bowle eine heitere Spritzigkeit, hingegen sollte mit Mineralwasser sehr diskret umgegangen werden. Wasser zum Wein ist eine vernünftige Kombination, Wasser im Wein hingegen überflüssig. Die Bowle soll Wein bleiben.

Klassische Sommerbowlen werden mit Früchten der Saison zubereitet, also in der Regel mit Erdbeeren, Himbeeren, Pfirsichen, Johannisbeeren, Sauerkirschen und so weiter. Man kann Bowlen mit Melonen inszenieren, mit Rosen, Ananas, Gurken, Kiwi, Veilchen, Holunder und sogar mit Sellerie. Der Phantasie sind kaum Grenzen gesetzt, ausgenommen jene des guten Geschmacks. Ein Kapitel für sich ist die gute alte "Kalte Ente", und die bereitet man so zu: Die Schale von zwei ungespritzten Zitronen spiralförmig schälen, in ein Bowlengefäß hängen, mit drei gekühlten Flaschen Weißwein der spritzig-fruchtigen Art auffüllen (ideal ist Riesling wie etwa ein spritziges Möselchen) und etwa zwei Stunden lang an einem kalten Ort zugedeckt ziehen lassen. Dann mit zwei Flaschen bestem Sekt oder Champagner aufgießen und die Zitronenschalen herausnehmen. Variieren lässt sich dieser Klassiker durch die Zugabe von einigen mit Zitrone beträufelten Stückchen Würfelzucker, eventuell auch durch ein paar Tröpfchen

Angostura. Ursprünglich hieß diese Bowle übrigens "Kaltes Ende" und war die Spezialität des Generals von Pape als sommerliches kühles Finale nach einem Essen.

Wie man die Bowle nun im Detail anlegt, ist individuelle Geschmackssache, unabänderlich sind hingegen einige Grundregeln:

1) Verwende nur frische und reife Früchte mit dichtem Aroma.
2) Je besser die Weine, desto feiner die Bowle. Töricht ist die Annahme, für die Bowle tauge auch minderwertiger Wein. Das ergibt naturgemäß eine minderwertige Bowle. Ideal sind herbfruchtige Rieslingweine, wie solche von der Mosel, der Nahe, aus dem Rheingau, oder temperamentvolle Grüne Veltliner aus dem Weinviertel. Will man die Bowle kräftiger, dann werden vollmundigere Gewächse aus der Pfalz, dem Badischen und speziell der Wachau infrage kommen. Für eine Rotweinbowle eignet sich besonders gut Spätburgunder (Ahr, Rheingau, Baden, Burgenland).
3) Wein und gegebenenfalls Sekt oder Champagner stets gut gekühlt verwenden. Den Schaumwein

erst kurz vor dem Servieren dazugießen. Niemals Eiswürfel in die Bowle geben, das stört die Reinheit.

4) Lass dir von guten Freunden bei der Zubereitung nicht dreinreden. Bowlen sind wohl einfach zu machen und doch eine Charaktersache.

Für eine Erdbeerbowle nimmt man circa ein Pfund Früchte auf drei Flaschen Wein. Die Erdbeeren sollen, angegossen mit etwas Wein und leicht gezuckert, eine halbe Stunde ziehen, bevor der restliche Wein dazugegeben und schließlich mit ein bis zwei Bouteillen Sekt/Champagner aufgefüllt wird. Für notorische Liebhaber von Rotwein eignen sich Erdbeeren vorzüglich für eine Rotweinbowle. Bei der Himbeerbowle empfiehlt es sich, die Früchte zu pürieren und das Ganze außerdem mit einem Schuss Himbeerlikör anzureichern. Die Pfirsichbowle wiederum gewinnt an Esprit durch die Zugabe von einigen Blättern Gartenminze. Generell ist anzumerken, dass die Bowle an Aroma zulegt, wenn man die Früchte, ob ganz gelassen, angequetscht oder fein gemust, bei Zimmertemperatur mit kleiner Weinmenge ziehen lässt, bevor mit gut gekühltem Wein vollendet wird.

Bei der Rosenbowle werden an die zehn voll erblühte und herrlich duftende Köpfe entblättert, mit ein bisschen Weißwein - ideal: Traminer, gefolgt von Riesling oder Weißburgunder - nebst einer halben Stange Zimt sowie ein wenig Muskatblüte und einer Zitronenspirale angesetzt, ziehen gelassen und danach mit zwei Flaschen vom gleichen Wein plus einer Flasche Champagner aufgefüllt. Sehr apart ist es, die Bowle mit einer Rose zu dekorieren. Die Brombeerbowle: Ein Kilo Früchte mit Sambuca-Likör angießen und zugedeckt wenigstens 24 Stunden ziehen lassen. Dann ein bis zwei Flaschen eisgekühlten Rosé darübergießen, im Kühlschrank oder Keller kurz durchziehen lassen und vor dem Genießen mit Champagner vervollkommnen, egal ob der weiß oder rosafarben ist.

Etwas ungewöhnlich ist die Selleriebowle. In dem 1920 in Leipzig erschienenen Standardwerk "Bowlen und Pünsche" steht folgendes Rezept: "Man schält zu dieser Bowle drei frische Sellerieknollen, schneidet sie in dünne Scheiben, übergießt sie mit einer halben Flasche guten Kognaks und läßt sie fest zugedeckt mehrere Stunden stehen. Hierauf gießt man den Kognak durch ein Tuch, fügt drei Flaschen Rotwein und eine Flasche Schaumwein hinzu, stellt die Bowle alsdann zwei Stunden gut auf Eis, gießt sie durch ein Tuch und richtet sie an. Diese Bowle ist im Geschmack einer Ananasbowle außerordentlich ähnlich."

Im gleichen Büchlein steht die Rezeptur für eine Weinblütenbowle. Die hat den Stellenwert eines Geheimtipps: "Zur Zeit der Rebenblüte übergieße man einen kräftigen Strauß duftender, stäubender Rebenblüten (nicht der gewöhnlichen traubenbringenden Weinreben, sondern der sogenannten wohlriechenden vitis odorata) mit zwei Flaschen guten Moselweins, indem man, den Strauß in der linken Hand haltend, mit der rechten den Wein wiederholt über die Blüten in die Bowlenkanne langsam fließen oder den Strauß kurze Zeit im Wein ziehen läßt; sodann setze man eine Flasche besseren Sekt (nach Geschmack drei Eßlöffel Zucker) zu. Ebenso bereite man Linden- und Akazienblütenbowlen."

Man kann die Bowle pur trinken, klar, sie aber auch mir nichts, dir nichts einfach genüsslich wegschlabbern. Reizvoll und trendy ist es, mit der Bowle, speziell wenn sie am Nachmittag anstelle von Tee serviert wird, nach englischem Muster sozusagen eine "High Bowl" zu zelebrieren. Tante Therese pflegte diesen schönen Brauch, und sie war in der Gesellschaft berühmt für ihre raffinierte Tischkultur mit elegantem Porzellan, Kerzen, Kristallgläsern, Servietten aus Damast und anmutig gesteckten Blumen.

Zur "High Bowl" - Bowle leitet sich übrigens vom englischen "Bowl" her, dem Wort für Schüssel - , vor allem in der Variante der Erdbeerbowle, gehört Süßes und Knuspriges wie Mürbegebäck, Früchtekuchen, Kekse in allen Formen. Haferkekse schmecken besonders gut mit frischem Ziegenkäse und Quittengelee. In der schönen blauen Stunde, wenn der Nachmittag gemächlich dem Abend entgegendämmert, gleicht die "High Bowl" einem privaten Weltereignis und der Genießer ahnt, was Rudolf Habs, der Kulinar-Historiker der Belle Époque, meinte, als er formulierte: "Es ist mancher stolzer darauf, eine gute Bowle brauen zu können als auf seinen Doktortitel."(Maibowle siehe dortselbst.)

Brainfood: Man weiß nicht, wer als erster Mensch auf die Idee kam, Wurzelwerk oder Fleisch über Feuer zu rösten. Das liegt im Dunkel der Geschichte. Aus der Mythologie wissen wir, dass Prometheus, der "Vorausdenkende", dem Menschen, nachdem er ihn geschaffen, quasi als Draufgabe das Feuer brachte und ihn den Umgang damit lehrte. Darin, im Domestizieren des Feuers, sieht Richard Wrangham, Primatologe in Harvard, den Schlüssel zur eigentlichen Menschwerdung, denn erst gekochtes Essen und speziell die Garung von energiereichem Fleisch habe die Gehirne enorm anwachsen lassen. Anders und leger gesagt: Der Homo sapiens entstand aus dem Kochtopf.

Das Essen hat bis heute bedeutende Funktionen wie beispielsweise die Pflege des Soziallebens. Die Franzosen sagen "à la grace de Dieu", wenn es Gott gefallen mag, dass sich Leute finden, deren Gesellschaft das Mahl über die reine Nahrungsaufnahme hinaus zu einem kulturellen Akt erhebt. Jeder Mensch muss essen und trinken, um zu überleben. Das Duo kennt keine dauerhafte Sättigung. Hunger und Durst haben immer das letzte Wort, und das ist auch gut so, denn ewige Sattheit wäre auch das Ende aller Hoffnung und würde uns vieler schöner Erlebnisse berauben: Erlebnisse, wie sie auch ein leckeres Mahl zu vermitteln vermag. Es ist schon so: Einsam zu speisen macht leicht hart und roh.

Erheblichen Einfluss auf Leib und vor allem Seele hat auch die Auswahl der Produkte, deren Zubereitung und die Art, wie wir essen, ob in Hast oder mit Genuss. Es gibt Nahrungsmittel, die nähren und schützen unser Gehirn auf besonders effektive Weise. Dazu gehören Dörrzwetschgen, Rosinen, Knoblauch, Beerenfrüchte, Brokkoli, Rote Bete, Avocado, Weintrauben, rosa Grapefruit, weiße Bohnen, Zwiebeln, flankiert von Kräutern und Gewürzen. Es liegt nun am Einzelnen, sich mit solchem Brainfood für den Alltagskampf zu wappnen.

Man kann sich glücklichessen, wie Hirnforscher inzwischen bewiesen haben. Tatsächlich hat das Essen, haben die Produkte psychopharmakologische Wirkungen. Lange haben Wissenschaftler die wichtigen Verbindungen zwischen Leib und Seele übersehen oder als zu vage und esoterisch abgetan. Jetzt zeigen Forschungsarbeiten, dass Essen nicht nur unsere sinnlichste Verbindung zur Welt ist, ein Ausdruck der Lebenslust, sondern dass es direkten Einfluss auf die Psyche hat. Ein perfekt zubereitetes Wiener Schnitzel kann unsichere Seelen nahezu keck werden lassen, ein Steinbutt mit Sauce béarnaise aus einem Zahlenmenschen einen Romantiker machen. Was praktizierende Gourmets schon lange fühlten, ist nun medizinische Gewissheit: Die Macht der Köche ist groß.

Bratapfel: Die erste dokumentierte Mahlzeit der Menschheitsgeschichte bestand laut Bibel aus einem Apfel. Die Folgen sind bekannt, die Näscherei endete mit der Vertreibung aus dem Paradies. Wie es dort aussah, weiß man nicht, aber es könnte langweilig gewesen sein, denn es gab weder Weine noch eine raffinierte Küche oder Sünden, und ausgerechnet der Apfel war verboten. Der Apfel ist nämlich weit mehr als ein pausbäckiges Landkind: Er schmeckt pur sowie in vergeistigter Form als Calvados. Und er bereichert die bürgerliche Küche ebenso köstlich wie die feine.

Das leckerste Apfelgericht ist zugleich das duftigste, und es löst vollautomatisch wonnige Erinnerungen an die Kindheit aus: Großmutters Bratapfel aus dem Ofenrohr. Die Rezepturen für diesen Klassiker variieren stark, jede Familie hat ihr eigenes kleines Geheimnis. Allen Rezepten gemeinsam ist, dass man saftige Äpfel nimmt, beispielsweise Reinette, Boskop, Glockenapfel, Jonagold, das Kerngehäuse aussticht, die Öffnung füllt, die Äpfel zuckert und in einer großzügig gebutterten Auflaufform ins heiße Rohr schiebt.

Die Füllung ist eine Geschmacks- und Glaubensfrage. Manche lassen den Apfel mit Stiel und Kernen, nur gezuckert, im Ofen braten, bis er außen krustig und innen weich ist; sie essen ihn mit Rahm und Johannisbeergelee. Die einen füllen den Apfel mit Früchtegelee (sehr gut: Johannisbeere, Himbeere, Weichselkirsche, Zwetschge), andere nur mit Butter und Rosinen oder einem Schuss Portwein. Die einen wollen unbedingt Mandeln in der Füllung haben, vielleicht auch geriebene Walnüsse, Zimt, Krokant und Zitronenschale, anderen genügt eine Masse aus Butter und Zucker, befeuchtet mit etwas Weißwein, Kirschwasser, Apfelmost oder Calvados.
Welche Füllung man auch wählt, wichtig ist, dass der Apfel gezuckert und die feuerfeste Form dick gebuttert wird, ehe man sie ins vorgewärmte Backrohr schiebt. Der Apfel muss außen krustig schrumpeln und innen ganz weich sein, dabei saftig. Alfred Walterspiel, der große deutsche Koch in der ersten Hälfte des vorigen Jahrhunderts, hat den Bratapfel geliebt und festgestellt: "Man

isst sich an diesem delikaten Gericht nie über." Zum Gesamtgenusswerk wird ein Bratapfel in Begleitung eines Weines, und das heißt vor allem: Riesling! Eine Auslese vom Rhein oder der Mosel ist eine gute Wahl, und wer's edelsüßer mag, der wird mit einem Tokajer oder einem Ruster Ausbruch schon auf Erden eine Ahnung von Glückseligkeit erleben.

⊢----- ***Bratenkultur:*** Ein Hummer, herausfordernd platziert auf dem nackten Bauch seiner geliebten Frau Gala, das war für den Surrealisten Dalí die Inkarnation von kulinarischer Erotik. Wenn Köche sich an zärtlichen Flirtmenüs versuchen, fällt ihnen außer Hummer und Languste nur die Dreierbande Kaviar, Trüffel und Auster ein; Letztgenannte gilt schon wegen ihrer schoßähnlichen Form seit 2000 Jahren als besonders aphrodisierend. Dazu gibt es dann pastellfarbene Sößchen, nur: Von Leidenschaft ist bei solchen Arrangements nichts zu spüren. Was sich Dalí und unsere Spitzenköche unter erotischer Küche vorstellen, ist Küchennippes. Venus würde sich bei solchem Tandaradei langweilen. Wirklichen Küchensex haben hingegen große Braten, ob von der Gans, der Ente, dem Lamm oder von Wild.

Wenn ein Hasenrücken in der Pfanne schmurgelt, eine Poularde im Rohr bräunt oder der Rücken eines echten Bauernschweins seiner Vollendung entgegenbrutzelt, so sorgen allein schon die Düfte, die aus Kasserolle und Rohr dringen, für erste Glücksmomente, und man ahnt, dass dort, wo der Sonntagsbraten aufgetischt wird, auch die Familienharmonie noch intakt ist. Perfekt passen große Braten in die kalte Jahreszeit.

Lange genug, zu lange galt speziell in der Sterne-Küche der Braten wegen seiner schieren Größe als verpönt. Was man uns in den Zeiten der Nouvelle Cuisine servierte, das waren Rind, Geflügel und Lamm, hauchdünn in Scheiben geschnitten und fächerartig auf dem Teller angerichtet. Das sah bildschön aus, aber das Aroma hatte sich bereits weitgehend auf dem Weg von der Küche zum Gast verflüchtigt. Der Braten war von jeher der Höhepunkt eines festlichen Menüs. Homer beschreibt in der Odyssee detailliert und genüsslich die Wonnen des Spießbratens, und im alten Rom durften sich die besten Brater, die Rôtisseure, Erzköche nennen. Sie verdienten ein Vermögen, wohingegen Köche, die nichts taugten, gnadenlos verprügelt wurden. Bei den großen Gelagen der Fürsten und Äbte im Mittelalter ertönten die Fanfaren, wenn der Braten aufgetragen wurde.

In gutbürgerlichen Häusern ging es mäßiger zu, aber an Sonn- und Feiertagen kamen niemals weniger als drei Braten auf den Tisch: Kalb, Lamm und Ente oder Schwein, Täubchen und Kapaun. Allein der steirische Kapaun, dieser kastrierte und gemästete Hahn, der sich Hennen gegenüber naturgemäß wie ein Heiliger verhielt und erst in der Kasserolle seine Talente herrlich entfaltete, war alle Sünden dieser Welt wert. Im Ganzen gebratene Poularden, Lammkeulen, Enten, Gänse, Fasane, Wildhasen, Spanferkel, Kalbsstelzen oder fünf Kilo schwere, an einem Stück geschmorte Ochsenhüfte: Das ist pure, wollüstig dampfende Küchenerotik.

Die erste Pflicht eines Bratens ist, saftig zu sein. Zweitens: Er muss eine feste, knusprige Rinde von appetitlich goldbrauner Farbe haben. Im "Lexikon der Küche", dem sogenannten "Hering", benannt nach Richard Hering, dem Küchendirektor, wird "Gebratenes" (französisch: rôties) technisch schlicht so definiert: "Nur mit fetter Substanz (Butter, Öl, Schmalz usw.) in der Röhre, in offener Pfanne oder am Spieß unter häufigem Begießen gargemacht." Das klingt einfach, ist es aber nicht, denn es bedarf viel Erfahrung, exakt die rechte Röstdauer eines Geflügels oder Fleischstückes herauszufinden. Das ist eine Frage des Instinktes.

|----- ***Brotzeit:*** Bayern besingen sie innig als die schönste Zeit. Für den Österreicher ist es die Jause, den Schwaben die Vesper - gemeint wird von Süd bis Nord eine kleine, herzhafte Mahlzeit entweder als stärkende Pause zwischen der Arbeit oder an deren Ende.

|----- ***Butterbrot:*** Die Superlative triumphieren oft über das Einfache, das übersehen, das Stille, das nicht wahrgenommen wird. Nun scheint auch das Butterbrot bedroht, attackiert von Sandwich, Tramezzino, belegtem Baguette, Croissant, Burger & Kebab. Dass sich das gute alte Butterbrot, auch Bemme, Stulle, Schnitte, Bütterken und Knifte genannt, bislang noch so gut gegen die internationale Konkurrenz behauptet, verdankt es vor allem einem Umstand: Es ist ein Stück schmackhafte deutsche Identität, die bürgerliche Alternative zum amerikanischen Fastfood-Wahn und sogar protestantisch geweiht, seit Martin

Luther 1525 in einer Epistel über die "Putterpomme" das Butterbrot als Nahrung auch für Kinder rühmte.

Es ist also Zeit, höchste Zeit für eine Hymne auf das Butterbrot. Im Internet geschieht dies bereits unter dem flehentlich-kämpferischen Titel "Rettet das Butterbrot" (www.butterbrot.de), wo man beispielsweise erfährt, dass in deutschen Landen seit rund 700 Jahren die Butter aufs Brot geschmiert wird. Aufs Brot kam die Butter dank neuer Konservierungsmethoden: Gesalzene Butter, die Handelsschiffe aus Skandinavien und den Niederlanden fassweise in die deutschen Städte brachten, blieb das ganze Jahr über schmackhaft und streichfest.

Ein weiterer Grund für den Siegeszug des Butterbrotes war das in der gewerblich tätigen Bevölkerung Mitteleuropas im Spätmittelalter entstehende Bedürfnis nach Zwischenmahlzeiten, da die langen Arbeitstage und die anstrengende und meist eintönige Arbeit mit nur zwei Hauptmahlzeiten kaum durchzustehen waren. Damit stieg die Nachfrage nach sättigenden Brotspeisen. Das konnten die alten Brotbreie sein, aber zunehmend beliebter wurden die mit Butter bestrichenen Brotschnitten. Diese

Butterbrote konnten leicht mit Käse, Wurst, Schinken, Fisch oder auch - wie ab dem 18. Jahrhundert - mit Marmelade aufgewertet werden und taugten so als ambulante Imbisse.

"Oh Butterbrot, mein Butterbrot, was tät ich ohne dich?", reimte ein weiblicher Stullenfan als eine Art kulinarischen Lobgesang auf das Butterbrot. Ob man es puristisch anlegt und das Brot wirklich nur mit Butter beschmiert, ob man es buttert und schlicht mit Wurst, Schinken, Käse, Ei, Kresse, Speck oder Schnittlauch, Knoblauch & Co belegt, süß mit Marmelade und Schokolade oder etwas exaltiert mit Lachs, Kaviar und derlei Delikatessen: So ein Butterbrot ist in jedem Fall ein Triumph der einfachen Gaumenfreude und ein köstliches Stück deutscher Esskultur.

Carpaccio: Klassisch wird es aus Rindfleisch zubereitet, doch mittlerweile pflegt nahezu jeder Koch seine spezielle Variante. Ein Carpaccio muss immer zart bleiben, immer mehr Poesie als Prosa sein. Entstanden ist dieses delikate Horsd'œuvre zu Beginn der 50er-Jahre in Venedig, in "Harry's Bar". Wie so oft, wenn Großes sich entwickelt, spielt der Zufall mit. Giuseppe Cipriani, der

Chef von "Harry's Bar" und Gentleman-Wirt der alten Schule, hat es erfunden, ohne sich viel dabei zu denken. Weil die Contessa Amalia Nani Mocenigo, ein Stammgast und übrigens eine erstklassige Contessa mit Dogen unter den Ahnen, einen sensiblen Magen hatte, servierte ihr Signore Cipriani feinstblättrig geschnittenes Ochsenfilet, beträufelt mit einer pikanten Tunke, die immer vorrätig war und den klangvollen Namen "Salsa universale" hatte. Das ist eine Mayonnaise, angereichert mit etwas Worcestershiresauce, Milch sowie einem guten Spritzer Cognac. Das Ur-Carpaccio ist demnach als diätetischer Gaumenletzen auf die Welt gekommen.

Weil außer der Contessa immer mehr Gäste an dem frugalen Gericht Gefallen fanden, setzte Cipriani es auf die Speisekarte. Nun musste ein Name her. Wieder spielte der Zufall sein Solo. Im Dogenpalast ist damals eine große Ausstellung von Carpaccio gezeigt worden. Jener Vittorio Carpaccio (circa 1465 bis 1525), als dessen Spezialität große Bildfolgen mit erzählendem Charakter gelten, soll von Bellini malerisch beeinflusst worden sein. Und einen "Bellini" gab es in "Harry's Bar" bereits; es war der Haustrunk aus Pfirsichsaft mit Sekt oder Champagner.

Also wurde das marinierte Contrefilet - so nennen Gastronomen das Roastbeef - zum Carpaccio.

Heute verstehen Köche unter "Carpaccio" auch eine vom Erstlingswerk unabhängige Art der Zubereitung. Im kulinarischen Lexikon "Die Sprache der Küche" definiert Herbert Birle das Carpaccio bereits neutral als "hauchdünn geschnittene Scheiben von Fleisch oder Fisch in einer leicht sauren Marinade oder mit einer Sauce". In diesem Sinne können kreative Köche ihren Einfallsreichtum beweisen.

Champagner: Wer Champagner trinkt, fühlt sich festlich. Das hat eine Verhaltensstudie ergeben, und so war es auch in der Belle Époque, der ersten Hoch-Zeit des Champagners, als die Mächtigen & Reichen den Champagnerwein über alles schätzten. Daran hat sich bis heute nichts geändert. Im Champagnerschwips schäumen geradezu vollautomatisch Witz, Poesie und heitere Frivolität, freilich auch so manche Unbesonnenheit, nur: Gut, sehr gut muss die Qualität sein. Der schlanke Satz mit dem Hinweis auf die Klasse ist unbedingt nötig, weil längst nicht jeder Champagner das Geld wert ist; speziell die sogenannten Billigmarken sind eigentlich nur schäumende Karikaturen: derb, dünn, oft seltsam süßlich und säurig zugleich, was nicht wundert, weil solche Billigheimer aus zweitklassigen Grundweinen hergestellt und nach extrem kurzer Reife vermarktet werden.

Der heute dominierende Brut-Stil hat sich in der Breite erst nach dem letzten Weltkrieg durchgesetzt. In der Belle Époque hingegen waren brutige Champagner eher die Ausnahme. Die Lebewelt mochte das Modegetränk par excellence lieber süß, garniert mit Austern, Hummer und Wiener Schnitzel in ihrer Pariser Stammkneipe, dem "Maxim's". In seiner Studie über Liebe, Luxus und Kapitalismus hat der Wirtschaftshistoriker Werner Sombart brillant über die Entstehung der modernen Welt aus dem Geist der Verschwendung geschrieben. Das war das Leitmotiv der Belle Époque, dieses tollen Rummelspiels, in dem nichts ohne Champagner ging.

Generell lässt sich guter von schlechtem Champagner bereits an der Art des Mousseux erkennen: Je feiner die Perlen tänzeln, umso besser. Ein wesentliches Kriterium ist das Bukett. Feiner Champagner riecht nicht, er duftet.

Je nach Typ wird die Nase zart nuancierte Aromen nach Blüten, Aprikosen, Apfel, Lindenblüte, Erdbeere, Haselnuss, Mandel, Zitrone, Vanille und Honig wahrnehmen. Auch Mineralien gehören zum Duftspektrum, ferner Töne, die sanft an frisches oder leicht getoastetes Weißbrot erinnern. Schlechter Champagner riecht streng, irgendwie chemisch, auch nach Geranien, Molke, altem Most, feuchtem Papier, Hefe, fauligem Brot und schimmeligem Keller. Gute Qualität erkennt man an der Harmonie der Aromen, schlechte schmeckt disharmonisch, oft süß-säuerlich.

In der Praxis kommt es häufig zu Missverständnissen. Zwei sind besonders bemerkenswert, weshalb sie erläutert werden sollen:

Irrtum Nummer eins: "Champagner ist ausgereift, sobald er im Handelsregal steht." Das gilt allenfalls für kleine Standard-Bruts ohne Jahrgang, nicht jedoch für hochwertige Vintage-Champagner oder gar die noblen Prestigecuvées (wie "Cristal" von Roederer, "Dom Perignon", "La Grande Dame", Krug, "Celebris" von Gosset, "Sir Winston Churchill" von Pol Roger, "Comtes de Champagne" von Taittinger etc.). Die gewinnen durch zusätzliche Lagerung im Privatkeller an Finesse, sie werden feiner, graziler, ohne an Temperament zu verlieren.

Irrtum Nummer zwei: "Champagner passt am besten zur feinen Küche." Das Gegenteil stimmt. Die Kohlensäure sprudelt gnadenlos jede Saucensubtilität hinweg. Ideale Partner für Champagner - und jeden anderen Schaumwein - sind Speisen mit starkem Aroma à la Pot-au-feu, Rinderroulade, Würstchen mit Kraut, Salat, Schlachtplatte, Sülze mit Bratkartoffeln, Eintopf. Auch die trendige Tex-Mex-Küche sowie asiatische Gerichte harmonieren bestens mit Champagner & Co.
Nun ist Champagner naturgemäß nicht gleich Champagner. Bei den rund 300 Millionen Bouteillen, die jährlich in der Champagne, der 150 Kilometer nordöstlich von Paris gelegenen anmutigen Hügellandschaft mit den drei städtischen Zentren Reims, Epernay und Ay, gefüllt werden, gibt es große Unterschiede in Qualität und Geschmack.

1. **Jede Kellerei hat ihren Stil.** Der ist davon abhängig, aus welchen Grundweinen die Cuvée genannte Mischung besteht. Die Klasse der Weinbergslage spielt ebenso eine

Rolle wie die Güte des Jahrgangs und die Reifezeit im Keller. Entscheidend ist der Anteil an roten und weißen Trauben. Drei Rebsorten sind zugelassen: Pinot noir (Spätburgunder) sowie Pinot meunier (Schwarzriesling oder Müllerrebe) als rote Trauben (sie werden "weiß" gekeltert) und der Chardonnay als weiße Traube. Die Roten bringen die fruchtige Kraft ein; sie sind das Fleisch und die Knochen des Champagners. Vom Chardonnay kommt die blumige Note und die Finesse; er ist die Seele der Cuvée.

Je nach Zusammensetzung der Cuvée ergibt sich der Stil: leicht oder schwer, rustikal oder elegant, zart oder opulent. Bollinger schätzt beispielsweise Champagner von vollbrüstiger Art, wohingegen Taittinger eher auf weiche Nuancen setzt. Gosset steht für kräftigen Stil, Roederer bevorzugt die frische, elegante Note.

2. Die Hierarchie der Sorten. Die Champagner gleichen in ihrem Aufbau einem Kegel. Die breite Basis bilden die Bruts ohne Jahrgang, auch Standardcuvées genannt. Sie machen mehr als 90 Prozent der Gesamtproduktion aus. In der Regel besteht ein Brut o.J. aus drei Vierteln roten und einem Viertel weißen Trauben. Diese

Standardcuvée soll als Hauptmarke und gleichzeitig Visitenkarte jeder Kellerei alljährlich ungefähr gleich schmecken, was dem Kellermeister gelingt, indem er routiniert und mit feiner Zunge 10, 20, auch 30 und bis zu 50 unterschiedliche Grundweine miteinander mischt - die Önologen sprechen artig von "vermählen".

Die nächste Stufe in der Rangordnung sind die Bruts mit Jahrgang, kurz: Jahrgangschampagner oder Millésime. Es sind Cuvées verschiedener Rebsorten und Lagen, doch die Grundweine müssen aus dem auf dem Etikett stehenden Jahrgang stammen. Der Millésime ist gegenüber dem Brut ohne Jahrgang reicher an Aromen, konzentrierter im Geschmack und auch langlebiger. Im Gegensatz zum Markengeschmack des Brut o.J. weist der Jahrgangschampagner natürlich die jeweils für den Jahrgang typischen Eigenschaften auf.

Die dünne Spitze des Kegels bilden die Prestigecuvées. Das sind Auslese-Champagner, gewonnen aus Grundweinen der besten Lagen und Jahrgänge. Zu dieser Spitzenkategorie zählen beispielsweise "Dom Perignon", "Cristal", "Comtes de Champagne", "La Grande Damen",

"Grand Siècle". In der Regel ist eine Prestigecuvée ein Jahrgangschampagner, und er reift mindestens sieben Jahre, bevor er vermarktet wird. (Die Reifezeit bei den normalen Jahrgangschampagnern liegt bei circa fünf Jahren, bei den Standardcuvées der guten Häuser bei drei bis vier Jahren.)

Komplettiert wird das Sortenprogramm durch Blanc de Blancs und Rosés. Ersterer wird nur aus Chardonnay gemacht, es gibt ihn als Standardcuvée ebenso wie als Millésime und als Prestigecuvée ("Dom Ruinart", "Salon" und "Comtes de Champagne" sind Blanc de Blancs). Eine Seltenheit ist der Blanc de Noirs: Champagner, ausschließlich "weiß" gepresst aus roten Trauben. Die Pressung erfolgt extrem rasch, sodass der Kontakt des Saftes mit den Beerenhäuten, in denen der rote Farbstoff steckt, derart kurz ist, dass keine Extraktion der Farbe erfolgt - oder nur eine minimale, die sich dann in einem Hauch von rötlichem Schimmer ausdrückt.

Egal, aus welcher Flasche der Korken hüpft, getrunken werden sollte Champagner niemals schlückchenweise wie Wein. Das ist der halbe Genuss. Schampus muss in

Strömen fließen. Zwei, drei kleine Schlückchen in einem Zug sind der rechte Rhythmus, um die Sinne anzuregen und den Kreislauf zu animieren. Das stimuliert auch Emotionen, aber bitte, nichts ist angenehmer und macht die Menschen schöner sowie geistreicher als ein süßer kleiner Champagnerschwips. Das meinte wohl auch Catherine Deneuve mit ihrem poetischen Bekenntnis: "Der erste Schluck - und du sitzt auf einer rosa Wolke und beginnst zu schweben."

Champagner-Steckbriefe von Marken und Sorten Ayala bis Veuve Clicquot, inklusive Geheimtipps

✶ ***Ayala:*** Das in Ay residierende, der breiten Öffentlichkeit wenig bekannte Haus steht für klar strukturierte Cuvées von weiniger Finesse. Der mit knapp zehn Prozent Restzucker angenehm trockene Brut ohne Jahrgang ist geprägt von ca. 75 Prozent roten Trauben: voller Körper, frisch, harmonisch. Finesse zeichnet den langlebigen Blanc de Blancs aus (Heublumen, Mineralien, Zitrus, ein Hauch Brioche), Eleganz die Jahrgangscuvée.
Bezug: Fachhandel (Info: www.champagne-ayala.fr)

* ***Bollinger:*** Kraftvolle Champagner von betont weiniger Art. Gut lagerfähig. Unter "R.D." werden ausgereifte Jahrgangschampagner vermarktet. Eine Rarität ist der markante, ja wuchtig angelegte "Vieilles Vignes Françaises", ein in Kleinstmenge produzierter Blanc de Noirs, wie Champagner heißt, der nur aus roten Pinot-Trauben gekeltert wird.
Bezug: Fachhandel

* ***Chartogne-Taillet:*** Kleines, feines Winzerhaus in Merfy nahe Reims, erzeugt pro Jahr um die 80 000 Flaschen. Unprätentiöse Stilistik mit Cuvées von klarer Fruchtigkeit. Sehr brut, weil niedrig dosiert mit etwa fünf Gramm Zucker pro Liter (zum Vergleich: die großen Markenchampagner haben einen Restzuckergehalt pro Liter um die 12 bis maximal 15 Gramm). Ein delikater Aperitif ist die Cuvée Sainte Anne, Rasse zeichnet den Rosé aus, komplexe Textur hat die Prestige-Cuvée namens Fiacre Taillet.
Bezug: Paulson Rare Wine, Waldkirchen
(Info: www.rare-wine.com)

* ***Cattier:*** Angesehenes Winzergut in Chigny-les-Roses mit sehr guten Weinbergslagen und einer Jahresproduktion von rund 500 000 Flaschen. Der von roten Reb-

sorten geprägte Stil vereint Rasse mit Finesse. Großartig ist die überwiegend mit roten Trauben gekelterte Cuvée "Antique": klare Textur mit sanftwürziger, reicher, dicht gewobener Aromatik und ziseliertem Pinot-Charakter.
Bezug: Weinkontor Freund in Borgholzhausen
(Info: www.weinkontor-freund.de)

✶ ***Deutz:*** Klare Stilistik - fruchtig, schlank, elegant - prägt die Cuvées des mittelgroßen Hauses in Ay (rund eine Million Flaschen pro Jahr). Basis ist der Brut Classic, komponiert aus je einem Drittel Pinot Noir, Meunier und Chardonnay, ein feiner Aperitif. Rasse und Eleganz kennzeichnen den 2002er Blanc de Blancs - ein Chardonnay-Juwel mit Brillanz. Vielschichtige Raffinesse ist die Haupttugend der "Cuvée William Deutz" vom Jahrgang 1998 (ideal zu Kaviar und Meeresfrüchten bis hin zu Sushi). Zu den feinsten Cuvées der Champagne zählt der "Amour de Deutz" 1999: Subtile Finesse macht jeden Schluck dieses Blanc de Blancs zu einem privaten Weltereignis.
Bezug: Fachhandel (Info: www.segnitz.de)

✶ ***Doquet-Jeanmaire:*** Firmiert seit Kurzem unter "Champagne Pascal Doquet". Pascal Doquet setzt auf biologischen Anbau, erzeugt werden pro Jahr um die

125 000 Flaschen - mit Ausnahme des Rosés überwiegend lupenreine Blanc de Blancs von brillanter Klarheit und Stilistik. Der grazil nuancierte Brut Grand Cru enthält Grundweine aus besten Jahrgängen. Eine Pracht-Cuvée ist der 1990er Blanc de Blancs Premier Cru. Rasse und Anmut zeichnen auch den 1998er aus.
Bezug: Fachhandel und Alpina in Buchloe
(Info: www.alpina.de)

✶ ***Dom Perignon:*** Bis vor Kurzem die Prestige-Cuvée von Moët & Chandon, jetzt eigenständig mit Sitz in der Abtei Hautvillers. Jahrgangschampagner in Weiß sowie Rosé. Stil: reich, elegant.
Bezug: Fachhandel

✶ ***Drappier:*** Kleines und feines Haus, macht gediegene Champagner von weiniger Klasse mit langem Leben. Prestige-Produkt ist "La Grande Sendrée", ein feinwürziger Charmeur mit gutem Preis-Güte-Verhältnis. Applaus verdient auch der Blanc de Blancs (Name für Champagner, die nur aus der Rebsorte Chardonnay gekeltert sind.). Nette Vignette: Charles de Gaulle war und Jean-Paul Belmondo ist ein Fan dieser Marke.

Bezug: Fachhandel und Import M. Ohms
(Info: www.Der-Franzoesische-Weinkeller.de)

✶ ***Gosset:*** An hoher Qualität und Tradition orientiertes Haus in Ay (rund 800 000 Flaschen pro Jahr); macht kräftigen Champagner von weiniger, dichtfruchtiger Art mit Rasse und Eleganz. Ausgezeichnet die komplexe und raffinierte "Grande Reserve", die deutlich eine Stufe über dem normalen Brut angesiedelt ist. Die Prestige-Cuvée heißt "Célébris": weinig betont, kraftvoll, geschmeidig, lange lagerfähig. Sehr delikat ist auch der prachtvolle Célébris Rosé. Das von Béatrice Cointreau ebenso zielbewusst wie charmant geführte Haus vermeidet strikt die malolaktische Gärung (Malo), also die Umwandlung der kernigen Äpfelsäure in die weiche Milchsäure, was den Cuvées ihr Temperament und die besondere fruchtige Frische verleiht, in der Jugend freilich auch eine rassige Säure.
Bezug: Fachhandel
(Info: Hübner & Partner, www.HuP-PublicRelations.de)

✶ ***Charles Heidsieck:*** Sitz in Reims. Cuvées von distinguierter Fülle. Der respektable Anteil von bis zu 40 Prozent Reserveweinen im Standard-Brut erklärt die

speziellen, von getrockneten Früchten, Honigbrot und Vanille geprägten Reifenoten. Kraft, Rasse und Eleganz kennzeichnen die Jahrgangscuvées.
Bezug: Fachhandel (Info: www.maxxium.de)

✶ ***Piper Heidsieck:*** Der Stil des in Reims ansässigen Hauses hat sich im letzten Jahrzehnt gewandelt. Die ursprünglich eher spröden Cuvées haben an Fülle zugelegt und sind komplexer geworden, haben jedoch in der großen Linie die klassische Piper-Note behalten: die geradlinige Fruchtigkeit mit gefälligem Schmelz. Die jahrgangslose, von roten Trauben dominierte Cuvée Brut bietet würzige Frische und eignet sich gut als Tischpartner. Die Cuvée Rare hat einen vollen Körper und verbindet elegant Frucht mit Würze.
Bezug: Fachhandel (Info: www.maxxium.de)

✶ ***Jacquart:*** Sitz dieser Genossenschaft mit rund 800 Winzern und entsprechend weitgefächertem Weinbergsbesitz ist Reims. Die Standard-Cuvée Mosaique Brut hat fruchtige Rasse. Der Mosaique Blanc de Blancs 1998 mit seiner vielschichtigen Aromatik nach Zitrusfrüchten, Blüten, Nüssen und leicht geröstetem Weißbrot passt gut

zu Meeresfrüchten. Fruchtig mit fleischiger und etwas üppiger Note von roten Waldbeeren nebst Gewürzen präsentiert sich der Mosaique Rosé. Kraft und Eleganz kennzeichnen den Brut de Nominée mit seiner cremigen Reife, einer Mitgift der Reserveweine.
Bezug: Fachhandel (Info: Jacquart in Wiesbaden, Fax: 06122/609030)

✶ ***Krug:*** Klassiker des muskulösen und dabei eleganten Stils in Reims (unter dem Firmendach von Veuve Clicquot). Die Klasse hat nachgelassen, seit Henri Krug nicht mehr im Keller aktiv ist. Rar und sehr teuer ist der "Clos de Mesnil", ein Lagen- und Jahrgangs-Chardonnay seit 1979, dem Erstling. Das Flaggschiff des Hauses ist die Grande Cuvée: weinige Fülle, vielschichtig, aber auch teuer - und es kommen einem immer noch überlagerte Flaschen unter.
Bezug: Fachhandel

✶ ***Lanson:*** Das in Reims ansässige Haus ist bekannt für seine rassigen Cuvées - das Ergebnis hochwertiger Basisweine sowie des Verzichts auf die Malo. Als Klassiker im Hause gilt der Black Label, ein Brut von lebhaft herber

Frische. Nach wie vor über grazile Finesse verfügt der Brut Rosé mit seinem delikaten Bukett nach roten Beeren und ein bisschen Rosé.
Bezug: Fachhandel (Info: Borco-Marken-Import in Hamburg, Tel. 040/85316152)

✶ ***Larmandier-Bernier:*** Winzerkeller in Vertus. Durch Finesse besticht der Blanc de Blancs aus Premier-Cru-Lagen: geschmeidige Fülle, rund und angenehm cremig mit Aromen nach weißer Mandel nebst einem aparten Hauch von Brioche - und freundlichem Preis von 26 Euro.
Bezug: Fachhandel und Import M. Ohms
(Info: www.Der-Franzoesische-Weinkeller.de)

✶ ***Mailly:*** Renommierte kleine Genossenschaft, arbeitet individuell und auf hohem Niveau. Die Cuvées sind deutlich von roten Trauben geprägt. Es gibt einen Blanc de Noirs von exzellenter Qualität: dicht gewoben, kompakt und konzentriert, feinwürzig mit Aromen nach roten Früchten, Apfelquitte, Vanille. Charaktervoll sind auch die anderen Sorten.
Bezug: Fachhandel (Info: Rindchen's Weinkontor in Bönningstedt, Fax: 040/55620220)

✶ ***Moët & Chandon:*** Platzhirsch in der Champagne (die Jahresproduktion liegt bei schätzungsweise 35 Millionen Flaschen). Die Standard-Cuvée ist von schwankender Güte, der Rosé vordergründig beerig bis marmeladig. In der Regel achtbar sind die Jahrgangs-Cuvées.
Bezug: Handel

✶ ***Nicolas Feuillatte:*** Flaschenmillionär in Chouilly (Jahresproduktion um die 8,3 Millionen Bouteillen) mit weitgefächertem Sortenprogramm. Neben einer individuell angelegten Grand-Cru-Serie à la Ambonnay, Cramant, Ay, Chouilly, Verzy, Le Mesnil sowie einem brillant strahlenden Blanc de Blancs reüssiert die Genossenschaft mit einer "Palmes d'Or" getauften Prestige-Cuvée in Weiß und Rosé von eleganter Stilistik - der 1997er weiße Brut tänzelt wie ein Fred Astaire elegant, charakterstark und finessig über die Zunge.
Bezug: Fachhandel
(Info: Mack & Schüle, www.weinwelt.de)

✶ ***Joseph Perrier:*** Im Jahre 1825 gegründet und seither in Châlons-en-Champagne ansässig, zählt das Haus zu den großen Unbekannten (Jahresproduktion um die

600 000 Flaschen). Kenner wissen freilich um die hohe Güte der Cuvées vom Royale Brut über den Blanc de Blancs und den Rosé bis hin zum Millésime 1998 (49 Prozent Chardonnay, 43 Prozent Pinot Noir, 8 Prozent Meunier). Der Stil ist geprägt von den roten Pinots aus hauseigenen exzellenten Lagen, die Cuvées glänzen durch fein ziselierte Frucht und Eleganz, sie sind großzügig und ausgeglichen bei komplexer Aromatik.
Bezug: Fachhandel (Info: Bernard-Massard Sektkellerei, www.bernard-massard.de)

✶ ***Perrier Jouët:*** International populär wurde das 1811 in Epernay gegründete Haus vor allem durch die Cuvée Belle Epoque in der 1902 vom Jugendstilkünstler Emile Gallé kreierten Flasche mit dem swingenden Anemonen-Motiv. Michael Budin, der langjährige Chef des Hauses, versierter Verkoster und passionierter Liebhaber des Jugendstils, hat in Epernays Avenue de Champagne ein Jugendstilmuseum eingerichtet (mit einem Speisesaal von Majorelle, Objekten von Gallé, Daum, Müller & Co). Der Stil ist gekennzeichnet durch fruchtige Finesse. Der Grand Brut besticht mit Noten von Blüten und weißem Pfirsich nebst etwas Zitrus und einem cremigen Hauch von Brioche. Eleganz und Raffinesse sind die Merkmale des "Belle Epoque".
Bezug: Fachhandel

* ***Pol Roger:*** Klassiker aus Epernay. Fruchtiger Stil, klar in der Struktur, elegant. Dichte Aromatik, wuchtig im besten Sinne ist die Prestige-Cuvée "Sir Winston Churchill", einer der besten Champagner überhaupt. Diese Top-Cuvée, 1984 erstmals als Hommage an Churchill vom Jahrgang 1975 kreiert, ist lange haltbar, ein Ideal für Liebhaber des mächtigen fleischigen Stils.
Bezug: Fachhandel

* ***Pommery:*** Das in Reims in verkitschter Neogotik residierende Haus hat eine wechselvolle Geschichte hinter sich. Früher, unter Prince Alain de Polignac, dem gerechten Önologen, war der Pommery-Stil ein Genuss für Kenner: vertikal anstelle von breit, finessig anstelle von wuchtig - und bei aller Grazie dennoch komplex in der Aromatik und langlebig obendrein. Über diese Tugenden verfügt die Prestige-Cuvée namens Louise: schlanke Aromatik in einem finessigen, gleichwohl fest strukturierten Körper. Gleiches gilt für die Louise Rosé.
Bezug: Handel
(Info: Vranken Pommery, www.pommery.fr)

* ***Louis Roederer:*** Das Haus für Eleganz, ansässig in Reims. Der "Brut Premier", ist eine der besten Cuvées

ohne Jahrgang, fein nuanciert, klar, frisch, fruchtig, rassig, animierend, jederzeit mit Freude zu trinken. Groß ist der "Cristal", die erste, 1876 für den Zaren kreierte Prestige-Cuvée in der transparenten Kristallflasche. Ein Hochgenuss ist der inzwischen legendäre 1990er Cristal, ein Jahrhundertchampagner. Ein florales und weiniges Bukett nach Blüten, Aprikosen, Nuss, Weißdorn, etwas Zitrus und sanft geröstetem Weißbrot zeichnet den Blanc de Blancs aus, ein weiteres elegantes Kaliber im Programm von Roederer.
Bezug: Fachhandel (Info: Schlumberger in Meckenheim, www.schlumberger-onwine.de)

✶ ***Ruinart:*** Das in Reims ansässige Haus hat wunderschöne, unter Denkmalschutz stehende Kalksteinkeller aus galloromanischer Zeit (die sogenannten Crayères). Es begeistert den Kenner durch feine Cuvées, die grazil in der Stilistik sind und zugleich fest im Geschmack. Die Cuvées sind deutlich vom Chardonnay geprägt. Rasse haben die "R"-Cuvées, spitze ist der "Dom Ruinart" als Blanc de Blancs sowie als Rosé.
Bezug: Fachhandel

✶ ***Taittinger:*** In Reims zu Hause, setzt auf weichen Stil. Der Brut Réserve ist geschmeidig angelegt mit flora-

len Noten, etwas füllig, ausgewogen. Die Jahrgangscuvée hat ein delikat nuanciertes Bukett (Blüten, Äpfel, Nuss, ein bisschen Brioche), ist rund und finessig. Immer wieder eine grandiose Kreation ist der 1950 erstmals aufgelegte Comtes de Champagne mit komplexem Körper, reicher und zugleich subtil gefächerter Aromatik. Ein kleiner Teil der Grundweine, um die vier bis sechs Prozent, wird in kleinen Fässern aus neuem Holz ausgebaut (Barriques); das festigt die Struktur und gibt der Cuvée zusätzlich eine aparte vanillige Würze. Ein Blanc de Blancs der Sonderklasse, der zudem gut altert.
Bezug: Fachhandel
(Info: Wein Wolf in Bonn, www.weinwolf.de)

✶ ***Veuve Clicquot Ponsardin:*** Sitz in Reims, erzeugt pro Jahr um die 16,5 Millionen Flaschen. Schwankende Qualität beim jahrgangslosen Standard-Brut. Die finessig und eher zart als wuchtig angelegte Prestige-Cuvée heißt sinnig La Grande Dame: eine Hommage an die legendäre Nicole-Barbe Clicquot, die nach dem Tode ihres geliebten Mannes im Jahre 1805 die Führung des Hauses übernahm und sich als begabteste der Champagnerwitwen etablierte.
Bezug: Handel

Cocktail: Mag schon sein, dass gewisse Modefratzen immer noch Fancy drinks mit so obskuren Namen wie "Yellow Fever" oder "Chi Chi" trinken. Wer jedoch Stil hat und ein sicheres Gefühl für Werte, der war stets den klassischen Cocktails à la Dry Martini, Manhattan, Side Car, Daiquiri, Singapore Sling, Bronx, Alexander & Co treu. Die sind heute wieder so ritzy wie einst in den 20ern. Im Gegensatz zum Drinkfummel wie den schrillen Longdrinks, die, bunt, süßlich und alkoholarm, eine Zeit lang in den Szenelokalen als modisch galten, erleben die Klassiker eine wunderbare Renaissance: Sie sorgen für Schwung auf der Party, sie eröffnen und beenden den Abend, ob zu Hause oder unterwegs in einer American Bar, wo ein guter Keeper den Manhattan im Foxrhythmus mixen wird, den Dry Martini hingegen im Walzertakt.
Entstanden sind diese herrlichen Mixturen in Amerika. Wann und wo, das weiß niemand genau, dafür wuchern die Spekulationen und Anekdoten umso wilder. Da heißt es, das Barmädchen Sally habe in ihrem Saloon die Getränke mit einer Hahnenfeder umgerührt. Eher plausibel ist das Histörchen vom Franzosen Antoine Amadé Peychaud, der in New Orleans eine Apotheke betrieb und einen hausgemachten Magenbitter, gemischt mit Brandy,

in Eierbechern als "Coquetier" ausschenkte. Es dauerte nicht lange, da hatte man daraus den Cocktail gemacht. Tatsache ist, dass die Amerikaner im späten 19. Jahrhundert das Mixen von Getränken zur Kunstform erhoben haben.

Für den grandiosen Regisseur Luis Bunuel, der Bars als ein Stück Heimat betrachtete, waren die Cocktails gar "eine leichte Droge", die er liebte und begehrte bis zum heiteren Rausch. Von ihm stammt auch die köstliche, leider nie verfilmte Idee, eine Bar aufzumachen, in der nur exquisite Drinks gemixt werden. Sobald ein Gast 1000 Dollar versoffen hätte, müsste eine Kanone Salut schießen. Bunuel malte sich dann in behaglicher Süffisanz aus, wie ein Spießer, durch den lauten Bumser im Schlaf gestört, mosert: "Wieder so ein Saukerl, der 1000 Dollar auf den Kopf gehauen hat."

Die zehn besten Cocktail-Klassiker:

- ***Dry Martini:*** ein Hauch Noilly Prat, Gin nach Belieben, Olive mit Stein, eventuell ein Spritzer Angostura
- ***Manhattan:*** Vermouth rosso. Vermouth dry, Bourbon-Whiskey, Spritzer Angostura,Cocktailkirsche
- ***Side Car:*** Zitronensaft, Cointreau, Cognac

- ***White Lady:*** Zitronensaft, Cointreau, Gin
- ***Daiquiri:*** Zucker, Zitronensaft, Rum
- ***Bronx:*** Orangensaft, Vermouth rosso, Gin
- ***Gimlet:*** Gin, Lime Juice
- ***Alexander:*** Cognac, Crème de Cacao, süße Sahne
- ***Singapore Sling:*** Gin, Sherry Brandy, Zitronensaft
- ***Mojito:*** Rum, Zucker, Limonen, Pfefferminze

Cognac: Guter Cognac ist schon am Bukett erkennbar. Im Gegensatz zum Wein ist die Farbe von untergeordneter Bedeutung, denn sie ist nur sehr bedingt ein Indikator für Alter oder Qualität. Die "Schönung", wie das Karamellisieren verschämt genannt wird, verleiht auch jungen Bränden ein sympathisches Goldbraun, das vom Laien gerne mit Reife verwechselt wird, wohingegen die ältesten und besten Cognacs ziemlich blassfarben aussehen. Ältere Brände, die durch jahrzehntelange Reife in kleinen Eichenholzfässern das Ungestüme ihrer Jugend abgelegt haben, riechen aufregend gut - ein erstes Merkmal von Klasse.

Ein fein abgestimmter Akkord aus Früchten, Gewürzen und diskreter Süße liebkost bereits beim Einschenken zart die Nase. Der nächste Nasenzug nimmt einen fein nuancierten Duftstrauß nach Walnussbutter, Zedernholz, Narzisse und Vanille wahr, sanft balsamisch durchwoben. Der Duftstrom wird unter dem Einfluss der Luft immer reicher und gibt dann auch zunehmend Aromen frei, die an Sandelholz, Safran, Veilchen, getrocknete Aprikose, Feige und ein wenig an Muskatnuss erinnern. Auch am Gaumen stellt sich das beglückende Gefühl ein, etwas Außerordentliches zu genießen, eben sehr alten Cognac in Vollendung.

Geboren wird Cognac aus Grundweinen der Hauptrebsorte Ugni Blanc nebst Folle Blanche und Colombard. Die sechs Anbaugebiete gruppieren sich ringförmig rund um die Gemeinde Cognac; als die besten Lagen gelten die Grande Champagne sowie die Petite Champagne. Nach zweimaliger Destillation des von Haus aus eher rustikal und rassig als finessig strukturierten Weins lagern die Brände jahre- und teils jahrzehntelang in Eichenholzfässern aus Limousin - der erste kurze Reifeprozess erfolgt im Regelfall in Fässern aus neuem Holz, danach wird der Brand in ältere Fässer gefüllt, die keinerlei Holzaromen mehr abgeben, doch den Cognac weiterhin atmen lassen. Schließlich verschneidet - mischt, vermählt - der Kellermeister (Maitre de chai) die einzelnen Brände nach einem ausgeklügelten Verfahren und dabei seinem absoluten Geschmackssinn trauend zu einem möglichst harmonischen Endprodukt. Je älter und feiner die Brände sind, desto edler und auch teurer ist der daraus komponierte Cognac.

Drei oder mehr Sterne auf dem Etikett mögen einem General gut stehen, beim Cognac sind sie nur das Signum für biedere Konsumqualität. Ähnliches gilt für die V.S.O.P-Kategorie - gehobener als die Sterne, doch noch weit entfernt von der Spitze, die bei den mit "X.O.", "Extra" und dergleichen Codes bezeichneten Bränden beginnt. Eine Besonderheit sind die Jahrgangscognacs - durchaus charakterstarke, die Eigenheit des Jahrgangs spiegelnde Brände, doch generell nicht so vielschichtig wie die anderen Spitzen, die Blends genannten Vermählungen aus mehreren Lagen und Jahrgängen.
Ein weiteres Indiz für die Güte ist der erste Schluck. Er soll wie Samt und Seide über die Zunge gleiten und die Eindrücke vertiefen, die bereits über die Nase signalisiert worden sind. Cognac darf weder bitter schmecken noch gar kratzig oder vordergründig süßlich nach Vanille, und beim Atmen durch den Mund muss sich neben dem

Eindruck von aromatischer Dichte und vor allem Tiefe das Gefühl von Reinheit einstellen. Der genetische Geschmacksabdruck eines großen Cognacs lässt sich ungefähr so beschreiben: schier ewig anhaltende Aromatik nach Blumen, Gewürzen, Trockenfrüchten, Rosinen, Vanille, Leder, Tabak, Honig. Die Sinne müssen voll getroffen und zugleich schmeichelnd charmiert werden. Auf solch einen Himalaya des guten Geschmacks verhelfen einem freilich nur erstklassige Cognacs. Zur Elite zählen beispielsweise:

✶ ***Remy Martin Louis XIII*** - intensives Aroma nach Nuss, Narzisse, Jasmin, Zigarrenkiste, Safran, Muskat und viel feiner Vanille.

✶ ***Courvoisier Cour Imperiale*** - raffinierte Süße, Rosen, Honig, Vanille. Finesse ohne Schärfe.

✶ ***Hennessy Bagnolet Nostalgie*** - reich nuanciert, Gewürze, Vanille, Zedernholz, Walnuss, Muskat, Rosen, balsamisch abgeklärt.

✶ ***Hennessy Richard*** - Cuvée sehr alter Brände (der älteste ist von 1820), kräftiges Aroma nach getrockneten Früchten, Gewürzen, eingelegten Pflaumen und Hauch von Karamell im langen Nachklang. Intensive Aromatik, ein Cognac mit Feuer.

✶ ***Mme Gaston Briand le Paradis*** - reich, raffiniert, gewürzig, vanillig, Leder, Veilchen, Vanille. Intensiv und verhalten feurig.

✶ ***Martell Extra*** - große Klasse haben die alten, heute antiquarisch gehandelten Extras. Kraftvoll und zugleich geschmeidig, vanillig, feines Rancio (schwer zu übersetzender Begriff für Reife in Form von würzigen Holznoten, überreifen Früchten und leicht überständiger Butter, gemischt mit nussigen und balsamischen Tönen, ein Zeichen für hohe Güte).

✶ ***Frapin X.O.*** - subtile Nuancen nach Vanille und Kamille mit Gewürzen, etwas Dörrpflaumen und gebrannten Mandeln. Elegant und mit langem Nachklang.

✶ ***Frapin Château Fontpinot Trés vieille Réserve XO*** - raffiniert, finessig mit floralen Noten und Aromen nach roten Beeren, Leder, etwas Tabak und Dörrobst nebst einem aparten Hauch nach Kräutern und Minze.

Weitere hervorragende Brände sind u.a.: Courvoisier Limoges, Hennessy Paradis, 1953 Hine, Hine Triomphe, Hine Family Reserve, A.E. Dor Hors d'Age Reserve No.9, Delamain Reserve de la Famille, Remy Martin XO,

1910 Renault & Co, Héritage Mme. Paul Ragnaud, Château Paulet XO, Bisquit Extra, Jean Fillioux Réserve Famille, Leopold Gourmel Quintessence.

Coole Speisen: Der Sommer glüht in grellen Farben, rund herum schwelt die Hitze. Sie lässt uns sinnlich träumen, lehrt uns aber auch die Kälte zu lieben. Auf einmal begreifen wir das kulinarische Mirakel eisiger Speisen. Damit sind, um ein etwaiges Missverständnis gar nicht erst entstehen zu lassen, weder harmlose Näschereien wie etwa Sorbets gemeint noch Gerichte, die auch kühl schmecken, sondern Speisen, deren höchste Tugend darin liegt, kalt angerichtet und genossen zu werden.

Der große Klassiker dieser Küchendisziplin stammt aus Andalusien und heißt Gazpacho, genauer: *der Gazpacho*. Diese ideale Sommersuppe war ursprünglich, bevor sie international avancierte, ein simples spanisches Bauerngericht, zubereitet aus Weißbrot, das mit Olivenöl, Tomaten, Paprika, Gurken und Knoblauch im Mörser zu einem musigen Brei zerstampft, mit entfetteter Brühe aufgefüllt und - ganz wichtig - mit Kreuzkümmel gewürzt wurde.

Der französische Kaltklassiker heißt *Vichyssoise*. Das klingt prätentiös, ist jedoch nur eine einfache Lauchsuppe mit Kartoffeln, Hühnerbrühe und Sahne: Zwei große Lauchstangen und 300 g mehlige Kartoffeln klein schneiden, in Butter leicht dünsten, mit etwas Zitronensaft sowie Muskat würzen, einen Dreiviertelliter Hühnerbrühe dazugießen und eine halbe Stunde köcheln lassen. Danach alles pürieren, durch ein Sieb passieren, 150 Gramm Crème fraîche drunterschlagen. Die Suppe kalt stellen, mindestens ein Stunde lang ziehen lassen. Vor dem Anrichten würzen, mit frisch gehackten Kräutern (zum Beispiel Estragon, Schnittlauch) garnieren. Reicht für vier Personen.

Aus Jamaika stammt ein apartes Rezept mit Ingwer: Einen Dreiviertelliter entfettete Fleischbrühe mit einem Esslöffel dunklem Rum und zwei Esslöffeln frisch gewürfeltem Ingwer vermischen und kurz aufkochen lassen. Den Saft einer Zitrone hinzufügen und die Suppe längere Zeit im Eisschrank kühl stellen oder circa eine Stunde lang im Gefrierfach eiskalt werden lassen. Serviert wird diese geeiste Ingwer-Consommé mit streifig geschnittener Zitronenschale.

Unkompliziert in der Zubereitung, dabei elegant und überaus effektiv in der Wirkung ist eine kräftig angelegte Rinderbrühe, die nach dem Einköcheln geklärt, in Suppentassen gefüllt und zum Gelieren in den Kühlschrank gestellt wird. Serviert wird diese Köstlichkeit mit einem Häubchen aus Sauerrahm sowie - falls vorhanden - einem ordentlichen Klacks Kaviar. Noch einfacher und blitzschnell lässt sich Cacik machen, eine türkische Spezialität: Gemüsegurken entkernen, klein hacken und mit eisgekühltem Joghurt - Menge nach Belieben - mischen. Das lässt sich unschwer verfeinern, beispielsweise mit Sahne, Balsamessig, zerdrücktem Knoblauch, Dill, Streifen von Räucherlachs.

Wie auch immer Leib und Sinne gekühlt werden: Hauptsache, es duftet in den Tellern frisch nach Sommer - und aus den Gläsern, denn das beste Mahl ist belanglos ohne den passenden Wein. Ideal zu coolen Speisen sind leichte Rotweine oder gleich Rosés wie speziell der herbwürzige Schilcher aus der Weststeiermark, gut gekühlt, und überhaupt nichts ist gegen Champagner in Rosa wie jenen von Veuve Clicquot (grandios: 1995er "La Grande Dame"), Ruinart oder den nicht minder delikaten

Laurent Perrier einzuwenden. Man isst und trinkt und spürt, dass das Leben rund ist und rot wie ein Apfel und jede Sünde wert.

Dessert: Das süße Finale. Wird entweder fertig auf dem Teller serviert oder dem Gast zur Auswahl vom Dessertwagen angeboten. Zu süßen Näschereien passt entweder Champagner oder ein edelsüßer Wein. Je nach Art der Nachspeise kann das eine Auslese sein, auch eine ältere Trockenbeerenauslese, ein Portwein oder eine spezielle edelsüße Kreszenz wie etwa der Banyuls aus dem französischen Südwesten - ein fruchtdichter, kapitaler und süßlicher Rotwein, der besonders gut zu allem Schokoladigen schmeckt.

Digestif: Nach dem Essen scheiden sich die Geister. Dann kommt für Leute, die gerne psychologisieren, so etwas wie der Aha-Effekt: Aha, der trinkt Cognac, aha, der Obstbrand und jener, aha, Whisky, Grappa, Calvados oder Likör. Doch mit dem kleinen Einmaleins der Seelenkunde ist dem Genuss so wenig beizukommen wie der Wirkung der Mona Lisa mit einer gelehrten Abhandlung. Beides ist eher eine Sache des Gefühls, mehr Poesie als nüchterne Prosa. Beim Digestif gibt es sowieso keine letzte Wahrheit, außer der Erkenntnis des Philosophen: "Schön und richtig ist, was gefällt."

Unumstößlich ist eigentlich nur, dass der Digestif im Gegensatz zum Aperitif, dem in aller Regel trocken angelegten Schluck davor, nach dem Essen getrunken wird. In diesem Sinne ist der Name auch gleich Programm, denn unter "Digestivum" verstehen die Lateiner ein die Verdauung anregendes Mittel. Die noble Aufgabe des Digestifs ist es also, eventuelle Spannungen des Bauches ebenso zu lösen wie solche des Gehirns. Zu welcher Art von Digestif man greift, hängt in erster Linie vom persönlichen Geschmack ab, und wenn der Sommelier mit dem Flaschenwagen an den Tisch fährt, geht es um die Frage, ob man weiß oder braun wählen soll, alt oder jung, bitter, kräuterig oder süßlich in der Art von Chartreuse und Bénédictine.

Aber das sind bereits Stilfragen und Elemente einer kulinarischen Ästhetik, die man als Individualist lächelnd und erhobenen Hauptes auch ignorieren kann. Denn ob Korn oder Cognac, Malt, Chartreuse oder Kirschwasser: Der Digestif ist nach jedem Mahl das Tüpferl auf dem i, die Sinne noch einmal anregend und die Phantasie beflügelnd.

Dim Sum: Sie sind handlich, duften nach 1000 chinesischen Geheimnissen und heißen Dim Sum. Was so apart klingt, ist der klassische chinesische Quick-Lunch und im Westen ein kulinarische Renner. Was die delikaten Schmankerln zum Trend werden ließ, ist schwer zu sagen. Ausgangspunkt der Dim-Sum-Welle ist jedenfalls Hongkong. Nun bieten auch China-Lokale in Deutschland zunehmend Dim-Sum-Variationen an: teils frittiert, teils in Butter zart gedünstet, in Fleischbrühe behutsam gesotten oder traditionell in Bambuskörbchen über kochendem Wasser gedämpft. Nach chinesischer Manier werden diese handlichen Leckerbissen in eine mit Chilipaste angerührte Sojasauce getunkt.

In Hongkong werden Dim Sum als Snack zwischen zwei Mahlzeiten geschätzt, aber man baut sie auch als Vorspeise in ein Menü ein oder isst sich mit einem Dutzend satt. Die Füllung der in Form von Päckchen, Täschchen und Röllchen servierten Mini-Gerichte

besteht vorzugsweise aus Hackfleisch, Meeresfrüchten und Gemüse. Jedes gute China-Restaurant hat Dutzende von Dim-Sum-Variationen im Programm. Dem routinierten Hobbykoch gelingen sie mühelos auch zu Hause. Der Teig wird aus Reis- oder Weizenmehl mit Wasser und Backpulver geknetet und sehr dünn ausgerollt (jeder Ravioli-Teig, wie er im Supermarkt angeboten wird, passt). Form und Füllung sind der Phantasie überlassen. Dim-Sum-Spezialisten, so raunen sich die chinesischen Feinschmecker ehrfürchtig zu, sollen bis zu 500 Variationen im Repertoire haben.
Dim Sum isst man aus der Hand und ohne Beilage, nur mit Sojasauce, die mit Chilipaste, Senf und Gewürzen geschärft und aromatisiert wird. Dazu passen: grüner Tee, Reiswein, Bier, trockene Weißweine mit Schmackes à la Chablis, Riesling-Spätlesen, bestens Grüner Veltliner aus Niederösterreich, Weißburgunder und Champagner. Letztgenanntes mag snobistisch klingen, aber erstklassige Schaumweine sind ideale Tischpartner für die Küchen-Starlets namens Dim Sum.

⊢----- ***Dressing:*** Begriff für die Sauce zum Salat. Die wesentlichen Klassiker sind: American Dressing (Olivenöl,

Weinessig, Eier, Senf, Zucker, Salz, Pfeffer, mit Sahne oder Joghurt und Tomatenpüree cremig gequirlt) - French Dressing (Olivenöl und Weinessig, Salz, Pfeffer, Senf, eventuell Blauschimmelkäse, im Prinzip die Vinaigrette) - Italian Dressing (Olivenöl, Essig, zerdrückter Knoblauch, Salz, Pfeffer, Selleriesalz, Cayennepfeffer, Senf, Tabasco) - Ranch-Dressing (Mayonnaise, Zwiebel, Knoblauch, Buttermilch, Gewürze) - Roquefort-Dressing (Olivenöl, Weinessig, durchpassierter Roquefort) - Rohkost-Dressing (Sauerrahm oder Joghurt, Orangensaft, Salz) - Thousand-Islands-Dressing (Mayonnaise, Paprika, Chilisauce, gehackte rote und grüne Paprikaschoten).

Düfte: Die Nase ist unser sensibelstes Organ und zugleich kapriziös wie eine Diva. Unangenehme Gerüche beleidigen sie, von schönen Düften kann sie nicht genug kriegen. Unseren Altvorderen galt Wohlgeruch gar als Zeichen des Göttlichen. Und bevor Judith zu Holofernes ging und ihn tötete, hatte sie ihre schönsten Kleider angelegt, sich vor allem jedoch mit teuren Balsamen gesalbt. Sie wusste um die bezaubernde, unwiderstehliche Wirkung süßer Düfte selbst auf Krieger wie den assyrischen Feldherrn, den sie mit ihrem Parfum erst betörte, dann einlullte und schließlich tödlich schwächte. Der Antike waren Weihrauch und Myrrhe so kostbar wie Gold - damit holten sich Römer und Juden den "Duft des Himmels" auf die Erde.

Immerhin, der Mensch hat seine Nase gebraucht, noch ehe er eine Sprache hatte. Die moderne Zivilisation hat zwar so etwas wie den Geruchsanalphabetismus entstehen lassen. Viele Menschen nutzen ihren Geruchssinn zu wenig, lassen ihn sogar verkümmern. Unsere Wahrnehmung wird heute primär durch visuelle und akustische Eindrücke gesteuert, wir leben in einer - zunehmend grell inszenierten - Augen- und Ohrenwelt. Aber wer mit sozusagen offener Nase durchs Leben geht, erlebt mehr, weit mehr als den Staub auf Bürokorridoren, die Abgase in den Straßen und als Höhepunkt vielleicht den Duft frisch geschälter Orangen.

Dennoch hat die Wissenschaft den menschlichen Geruchssinn lange vernachlässigt; doch inzwischen legen sich Forscher weltweit fleißig und ehrgeizig ins Zeug, um zu beweisen, wie stark unser Seelenleben von Gerüchen geprägt wird. Der Geruch ist als Machtfaktor erkannt worden, der menschliches Verhalten bis in die sexuellen Beziehungen hinein beeinflusst, der Emotionen zu steuern und tief sitzende Erinnerungen heraufzuholen vermag. Jeder Gang in Wälder und über Wiesen beschert eine Vielzahl von anregenden und beruhigenden Gerüchen wie ein Mahl oder, geradezu klassisch und unübertrefflich, eine Weinprobe. Eine gute Speise vermag uns mit ihrem Odeur zu entzücken.

Weine eröffnen durch jeden Nasenzug eine Welt voller Sinnlichkeit. Spätburgunder bringen uns rote Früchte nahe, beim Blaufränkischen denken wir an Brombeeren, der Nebbiolo erinnert an Teer und Rosen. Mineralisches strömt vom Chablis aus, junge Rieslinge duften nach Pfirsich und Apfel, Traminer nach Rosen. Honigtöne finden sich im Ruländer, Heublumen und Mandelblüten im Chardonnay, Grasiges nebst Gemüsigem im Sauvignon blanc. Bei einem Muskateller muss man augenblicklich an frisch gepresste Trauben denken, im Grünen Veltliner schwingt Gewürziges mit. Jeder Weinfreund hat erlebt, dass Düfte auch Spaziergänge der Seele auslösen können. Weine erinnern an Blumensträuße, an Herbstnebel, Knusperhäuschen und Rosen im Morgentau. Das Bukett

ist eine Art Fingerabdruck des Weins. Es sagt dem Kenner mehr als der Geschmack. Und so liebt der Weinfreund das Veilchen umso mehr, weil es duftet wie ein Barolo. Und bei Herzkirschengelee denkt man an Portwein und jubelt über eine frisch gemähte Wiese: "Alles voller Sauvignon blanc."
Ob man den Düften nun eher wissenschaftlich oder emotional auf die Spur zu kommen sucht, fest steht, dass die Liebe durch den Magen gehen mag, doch das Glück geht offensichtlich durch die Nase. Wer bestimmte Düfte einatmet, fühlt sich bald darauf entspannt, heiter, beschwingt - je nach Aromentyp. Der Duft von Maiglöckchen löst, so haben Tests ergeben, Freude aus, Zitrusdüfte hemmen die Produktion des Stresshormons Cortisol, Jasmin wiederum provoziert ein Hirnwellenmuster, das dem gleicht, wenn nach einem kurzen Nickerchen eine Tasse Kaffee getrunken wird. Und es wurde ermittelt, dass Düfte die Kreativität fördern, darüber hinaus auch die Arbeitskraft des Menschen zu steigern vermögen.

Tatsächlich kann ein Duft ganze Welten beinhalten und mit einem Mal zeitraffermäßig in unserem Kopf viele bunte Filme ablaufen lassen. Der Bratapfel führt uns zurück bis in die Kindheit. Städter, die normalerweise nur Zivilisationsdüfte kennen, bekommen Sehnsüchte, sobald ihnen der Geruch von Heu, einem Braten oder Bauernbrot in die Nase steigt.

Das alles sind herrliche Duftattacken, die das Gemüt streicheln und zudem Erinnerungen wachrufen, in Wehmut oder Glück, je nachdem. Ohne die Nase ist der Mensch aufgeschmissen. Erst dank der Duftmoleküle kommt nuanciertes Leben in Getränke und Speisen, wird das Essen und Trinken, ja das Leben überhaupt zu einem Gesamtgenusswerk.

Ei: Philosophen mögen sich in Phrasen winden, doch den Volksmund wird man nie bei einem geistigen Eiertanz überraschen. Er formuliert auch dann faxenlos seine Meinung, wenn es um das Symbol des Lebens geht: "Ob Mensch, ob Tier, es bleibt dabei, ihr Ursprung ist ein kleines Ei." Somit wäre die uralte Frage, was zuerst da war, die Henne oder das Ei, gelöst.

Jedenfalls ist Ostern ohne Ei undenkbar. Es gilt als Symbol des Lebens und ist so vollkommen in seiner Form, dass jeder Designer davon träumt, es vor dem großen Stylisten namens Natur geschaffen zu haben. Zwar hat die Ernährungswissenschaft mit dem Hinweis auf Cholesterin einen Schatten auf Eierspeisen geworfen. Zu viel Ei sei ungesund. Aber bitte, was ist zu viel? Bismarck hat bis ins hohe Alter hinein Eier elegant mit einem Hornlöffelchen aufgeklopft. Madame Pompadour und Napoleon liebten Eier, ebenso der Dichter Jean Paul, der Maler Menzel und der Komponist Händel. Wer seinen Körper kennt, wird schon wissen, was dem frommt, und eine kleine österliche Eierorgie hat noch niemandem geschadet.

Leider wird dem Ei als kulinarischem Solo nur selten gebührende Aufmerksamkeit geschenkt. Spiegeleier geraten meist zu trocken; es ist perfekt, wenn das Weiße wie das Gelbe die gleiche Konsistenz haben und der Dotter mit einer leicht irisierenden Haut, dem berühmten Spiegel, überzogen ist. Für den Kochkünstler Eckart Witzigmann muss das Spiegelei noch ein zartes "Randerl" haben - Geschmackssache. Wie beim Spiegelei glauben auch beim Rührei viele, das habe nichts mit Kochkunst zu tun. Welch ein Irrtum! Das erste Gebot heißt: kleine Hitze! Das zweite lautet: Butter, Butter, Butter! Ein

Rührei darf keine Haut haben, es muss aussehen wie ein federleichtes, schaumiges Wölkchen - perfekt zubereitet übrigens bei den Brüdern Obauer in deren Zweisterne-lokal im salzburgischen Werfen.

Schließlich sind "Eier eine Säule der Küche", wie es im Appetitlexikon von Habs & Rosner aus dem Jahre 1894 heißt. Ähnlich hat es Grimod de la Reynière gesehen, der erste Gastro-Gschaftlhuber, der vor 200 Jahren meinte, nehme man den Köchen die Eier weg, würde deren Kunst elend zusammenbrechen. So ist es: Eier geben Mehlspeisen die goldene Farbe, Saucen den Halt und Aufläufen deren stolze Höhe. Um zu ermessen, was sich Köche alles mit Eiern ausgedacht haben, muss man in Hering's "Lexikon der Küche" nachschauen: Rund 600 Ei-Variationen sind dort penibel verzeichnet. Hauptsache bei einem Ei ist freilich, dass sich im tiefgelben Dotter so etwas wie die Erinnerung an die Sonne über dem Bauernhof spiegelt.

Eintopf: Das erste und zugleich folgenschwerste Eintopfessen ist in der Bibel beschrieben, im 1. Buch Mose: Esau kam von der Feldarbeit nach Hause und es

stieg ihm der süße Duft eines von Bruder Jakob angerichteten Linsengerichts verführerisch in die Nase. Wir erfahren nichts über die Zubereitung, aber es muss eine Suppe mit Schmackes gewesen sein, denn bekanntlich hat Esau für einen Teller davon sein Erstgeburtsrecht an den Bruder verscherbelt. Daraus lässt sich mehrerlei schließen, unter anderem dies, dass der Eintopf zu den ältesten Kulturgütern der Menschheit zählt und Männer mit Suppigem verführbar sind.
Letzteres gehört zu den unangreifbaren weltlichen Wahrheiten. Unsere Altvorderen auf dem Lande haben den Tag mit einer Suppe begrüßt und am liebsten mit einem Eintopf verabschiedet. Mal war es eine saure Milchsuppe, gekümmelt und mit goldbraun gerösteten Brotstücken verziert, sogenannten Croutons. Dann wiederum löffelte man sich einen Gemüsetopf in die Tiefen des Leibes, aromatisiert mit einem Spritzer Apfelessig und sonntags angereichert durch eine kräftige Schweinswurst. Ein guter Eintopf, so lautete das sinnlich-rustikale Credo, müsse einem durch ein paar Fettaugen freundlich zublinzeln.
Ob der Eintopf rustikal als Pichelsteiner angelegt ist, exotisch als Lammeintopf mit Zimt und Quitten oder raffi-

niert als Hummereintopf mit Steinpilzen - auch als Solist ist dem Feinschmecker der Eintopf jederzeit willkommen. Der Eintopfgedanke zieht sich ja wie ein kulinarischer roter Faden durch die Weltküche. Der ursprüngliche Pate dieses Speisetyps war wohl die Not. Hinzu kam die Idee von der Resteverwertung. Das war angewandte Haushaltskunst. Jede Nation hat ihre speziellen Eintöpfe, die Palette reicht vom Hutspot aus Holland (Rinderbrust, Zwiebel, Möhren, Kartoffeln) über die französische Cotriade (Kartoffeln, Fische, Muscheln, Weißwein) und den klassischen Bohnentopf aus Deutschland bis zum Hammelragout aus Persien oder dem mediterranen Mixtum compositum aus Kaninchen, Zwiebeln, Tomaten, Bohnen, Sellerie und Knoblauch.
Egal, ob der Topf nur aus Gemüse besteht, aus Fischen, Fleisch oder einer leckeren Komposition aus allem: Der Eintopf ist das sozusagen imposanteste Mitglied im Universum der Suppen. Man kann auch sagen: die Summe des Guten.

Eis: Die Sehnsucht beginnt im Kopf und gleich darauf verlangt der ganze Körper nach einer eisig-süßen Delikatesse. Wie gut, dass die Kunst der gefrorenen

Näschereien international in hoher Blüte steht. Da gibt es neben dem Speiseeis und Sorbets die Eisbomben, Mousses, Baisers, Parfaits, Eisaufläufe sowie Omelettes und Knödel, die warm serviert werden, deren Inneres jedoch wundersamerweise aus Eis besteht. Heiß und kalt, das ergibt eine kulinarische Spannung von hoher Köstlichkeit. Alfred Walterspiel, der große deutsche Koch (1881-1960) schwärmt in seinem Buch "Meine Kunst in Küche und Restaurant" gar von einem Sellerieeis: "Es schmeckt als Crèmeeis mit dem Zusatz von gekochtem Selleriepüree ganz ausgezeichnet."

Darauf muss man erst einmal kommen, aber bitte, geradezu ein Klassiker ist das Gefrorene von Pumpernickel, an dem sich bereits Goethe erfreute: Ein viertel Pfund geriebener Pumpernickel wird mit einem halben Liter gesüßter und vanillierter Schlagsahne vermischt, mit etwas Maraschino beträufelt, in eine Form gefüllt und in die Tiefkühltruhe gestellt, bis die Masse gefroren ist (im 18. Jahrhundert diente der Eiskeller als Vereisungsraum). Dann die Form stürzen, das Eis dicht mit Kakao - oder geriebener Edelbitterschokolade von mindestens 70 Prozent Kakao-Anteil - bestreuen und mit rotem Fruchtgelee garnieren.

Kreative Gelatieri haben sich inzwischen auch herzhaften Produkten zugewandt, um daran ihre Kunst zu erproben. Sie erzeugen Eis aus Safran, abgeschmeckt mit Vanille und Orangenschalen, und es gibt Gefrorenes aus Erbsen, Fisch und Scampi, aus Pilzen, Zwiebeln und Knoblauch, aus Tomaten, Artischocken, Basilikum, Bier und Wein.
Derlei Originalität lässt die gute alte Vanille nicht schamhaft erröten. Das Eis mit Vanillegeschmack thront neben Schokolade, Erdbeere und Nuss seit Jahrzehnten unangefochten ganz oben auf der Favoritenskala der Deutschen. Immerhin sollen es bundesweit an die 600 Sorten sein, die in Cafés, Restaurants und vor allem Eisdielen angeboten werden. Gefrorenes lässt sich ja dank der von Carl von Linde 1876 erfundenen "echten" Kältemaschine aus allem produzieren, was die Lebensmittelverordnung erlaubt, ergänzt durch natürliche Geschmacksstoffe und Fruchtessenzen oder künstliche Aromen und Farben nebst Bindemittel und der Technik, die Glace durch Luft aufzulockern; die feinen Bläschen fördern das angenehme Gefühl beim Verzehr.
Als Erfinder der kalten Erfrischung gelten die Chinesen, die vor über 3000 Jahren noch vor den Griechen Eisiges hergestellt haben sollen. In der Antike wurde das Ge-

frorene aus fest gestampftem, zum Teil weit hergeholtem Gipfelschnee zubereitet, der mit süßem Wein oder Mulsum (mit Honig versetzter Most oder Wein) sowie Zimt, Veilchen, diversen aromatischen Gewürzen, passierten Früchten, Rosenwasser und anderen Essenzen vermischt worden ist. Das ergab Fruchtsorbets, jenes Halbgefrorene, das auch die Perser liebten und "Sherbet" nannten.

In Europa waren es vor allem die schleckermäuligen Italiener, die in der Renaissance das Speiseeis zunehmend verfeinerten und die süße Eiskultur begründeten. Das war der Beginn einer leckeren Eiszeit, die bis heute andauert und andauert und ...

|----- ***Eistee:*** Am Eis entfalten viele Getränke ein besonderes Aroma, und das Eis ist es auch, das Tee, ob der schwarz ist, grün oder aromatisiert, überraschend in ein, modisch gesprochen, cooles Getränk von speziellem Reiz verwandelt. Als Erfinder des Eistees gilt der englische Gentleman Richard Blechynden, der 1904 auf der Weltausstellung in St. Louis den "Iced tea" kredenzte. Der Brite sollte für Tee aus Indien werben, aber über der Schau waberte eine brütende Hitze, sodass kein Mensch

heißen Tee wollte. Also goss Blechynden in seiner Verzweiflung kurzerhand Tee über Eiswürfel - und siehe da, der schockartig gekühlte Tee wurde zum Renner und der Eistee ward geboren.

Der Eistee ist vieles: erfrischend, durstlöschend, kalorienarm, mineralienhaltig, wohlschmeckend, animierend und noch einiges mehr. Nur eines ist er nicht, sollte er keinesfalls sein: mit der Zeit kalt gewordener Tee. Das Geheimnis des wahren Eistees liegt im Prinzip der Schockkühlung, indem frisch gekochter Tee über Eiswürfel gegossen wird. Dadurch bleiben Farbe, Aromen und Wirkstoffe komplett erhalten. Dass der Grundtee extrem stark gebraut werden muss - ungefähr die dreifache Menge gilt als gute Dosis -, versteht sich von selbst. Und es ist keine Narretei, einen exquisiten Tee zu wählen, denn wie bei Bowlen oder Saucen, deren Klasse eng mit der Qualität des Weins korrespondiert, steigt auch die Güte des Eistees mit der Wertigkeit der Zutaten.
Welche Sorte Tee man nimmt, ist Geschmackssache. Assam, Ceylon und auch grüner Tee sind wegen ihres kräftigen Geschmacks besonders gut geeignet. Auch Kräutertees machen sich eiskalt recht gut. Spezielle deli-

kate Aromen entfaltet ein Jasmintee, und ein Earl Grey bester Herkunft lässt durch seine gewürzige und auf fast geheimnisvoll rauchige Rasse das Überleben in der Hitze zum Genuss werden. Das Basisrezept für einen Eistee sieht so aus: Acht bis zehn gehäufte Teelöffel der favorisierten Sorte mit einem Fünftelliter kochendem Wasser aufbrühen, fünf Minuten ziehen lassen, das Konzentrat durch ein Sieb über Eiswürfel in eine Kanne gießen und erforderlichenfalls mit kaltem Wasser auf einen Liter auffüllen. Eventuell frisch gepressten Zitronensaft hinzufügen, mit Pfefferminze (oder Zitronenmelisse) garnieren, nach Belieben zuckern.

Wer es fruchtiger mag, kann anstelle der Teeklassiker exotische Mischungen wählen, beispielsweise welche aus Apfelstückchen, Hibiskusblüten, Schalen von Zitrone, Orange und Hagebutte sowie Rosenblüten und Vanillestückchen - erfrischend auch für Kinder. Besteht die Basis aus schwarzem oder grünem Tee, sind der Phantasie bei der Verfeinerung keine Grenzen gesetzt. Durch den Zusatz von Säften, Früchten (etwa Ananas, Limetten, Pfirsichmark, Erdbeeren), Gewürzen (Ingwer, Zimt, Gewürznelken etc.), Kräutern (wie Minze) oder Alkohol

(Rum, Cognac, Obstbrände, Liköre) lassen sich zahlreiche Variationen zaubern, wie jene aus dem weißen Tee mit apartem Lychee-Aroma. Solche kühlen Teekreationen rühmen selbst gewiefte Cocktailkenner.

Erbsen: Erbsen werden, so weiß man aus der Antike, seit über 5 000 Jahren als Gemüse geschätzt, doch seltsamerweise ist in alten Kochschriften stets die Rede von den getrockneten Hülsenfrüchten. Dass man auch die jungen, noch nicht voll ausgereiften Erbsen verwenden kann, auf diese aparte Idee sind erst die Italiener im 17. Jahrhundert gekommen. Ein Kardinal brachte diese neue Erbsenmode an den französischen Hof, wo Ludwig XIV. regierte und sich sofort in das junge Gemüse verliebte. Der Sonnenkönig war vernarrt in die kleinen Erbsen, die "petits pois", die, solcherart von höchster Autorität geadelt, am Hofe von Versailles einen wahren Kult auslösten.

Otto Nebelthau, der Schriftsteller, Gärtner und leidenschaftliche Koch, schwärmte in seinem Buch "Vom heiteren Kochen" von der Delikatesse der Erbsen und zürnte über ihre Misshandlung "mit Mehlzugaben und Bratensoßen, durch übermäßiges Kochen und falsch verstandenes Dünsten: Die Entweihung der jungen Erbsen geht ins Grenzenlose." Man denke and die berüchtigte, vom Berliner Koch Grünberg erfundene Erbswurst, die der preußischen Armee bereits 1870 als Konserve diente.

Hellgrün und zartschalig müssen die Erbsen sein - ältere Exemplare sind mehlig -, dann ergeben sie, je nach Größe acht bis zehn Minuten in Salzwasser plus einer Prise Zucker gegart und danach in Butter sanft geschwenkt, eine köstliche Begleitung zu gebratenem Huhn oder Stubenküken - puristisch, doch ein Hochgenuss. Erbsen passen bestens zu Spargel, Kohlrabi und Möhren zu leckeren, obendrein gesunden Vorspeisen. Von der Wonne der grünen Magie kündet ein Sommersalat aus Erbsen, Zuckerschoten, Champignons und hart gekochten Eiern, angemacht mit einer Vinaigrette, garniert mit Minze. Und das berühmte Leipziger Allerlei ist ohne Erbsen ein Torso.
Samten schmeckt eine Erbsensuppe mit Minze: 200 Gramm Erbsen pürieren und mit einem halben Liter Gemüsebouillon nebst drei gehackten Pfefferminzblättern zehn Minuten ohne Deckel vor dem Siedepunkt ziehen lassen. Passieren, Salz, Pfeffer und etwas Zucker

zugeben, die Suppe erneut erhitzen, zwei Deziliter geschlagenen Rahm locker darunterziehen, nochmals heiß werden, aber nicht kochen lassen, in vorgewärmten Tassen anrichten und mit ganzen Erbsen als Einlage servieren (das Rezept stammt von Agnes Amberg aus "Köstlichkeiten ohne Fisch und Fleisch", Südwest Verlag).

Der große Paul Bocuse widmet der Erbse in seinem "Standardkochbuch" (Heyne-Taschenbuch) viereinhalb Seiten. Von Taillevent, dem genialen Koch des Mittelalters, ist ein Erbsenpüree überliefert, das er mit Mandeln, Eiern, Ingwer und Safran anreicherte. Das klingt nach wildem Gemenge, entsprach jedoch dem gewürzigen Geschmack der Zeit. Klarer ist ein Risibisi (Risi è bisi) angelegt, ein venezianisches Erbsenrisotto: Eine Zwiebel fein hacken, in Butter andünsten, 125 Gramm Erbsen sowie etwas Fleischbrühe, kurz danach 150 Gramm Reis und einen halben Liter Fleischbrühe nach und nach dazugeben, salzen, gut eine Viertelstunde lang köcheln, fleißig umrühren, vor dem Anrichten 50 Gramm Butter darunterziehen (nach Belieben auch 50 Gramm Parmesankäse). Grimod de la Reynière, der erste gastronomische Gschaftlhuber und Küchenkritiker, hat - um 1800 - so ein

Erbsenrisotto als "Fürsten der Zwischenspeisen" gerühmt. Die Gourmets im Kreise von Anthelme Brillat-Savarin, der an der Wende vom 18. zum 19. Jahrhundert, der ersten Hochblüte einer neuen Küche, seine "Physiologie des Geschmacks" schrieb, huldigten der Erbse als "Maiblume der Tafel". Man kann auch sagen: Frische Erbsen sind Perlen der Natur.

⊢---- ***Essluxus:*** Wer Gutes liebt, sollte sich das Beste gönnen, sagt der praktizierende Gourmet, nur: Was ist das Beste? Der eine hält Kaviar für den Himalaya des Genusses, für einen anderen ist es schlicht ein Matjestatar. Wäre die Kartoffel so selten wie die weiße Trüffel, würde man sie auf gleiche Weise preisen. Der ans Sündige grenzende Preis für gewisse Edelprodukte (rund 2000 Euro für das Kilo Kaviar, um die 4000 Euro und mehr für weiße Trüffeln) ergibt sich aus der Banalität der Zahl, also aus dem raren Angebot und der weltweit starken Nachfrage. In diesem Sinne fallen unter anderen folgende Produkte in die Luxuskategorie: Kaviar, Gänseleber, schwarze Trüffeln (insbesondere solche aus dem südfranzösischen Périgord, Saison ist von Dezember bis März), weiße Trüffeln (speziell jene aus dem piemontesischen Alba, Saison ist von Oktober bis Ende Dezember). Echter Safran ist ebenso kulinarischer Luxus wie butterweiches, täglich mit Sake massiertes Kobe-Beef aus Japan, wenigstens 50 Jahre alter Balsamessig "Tradizionale" aus Modena, "Pata negra"-Schinken aus Spanien.

Etikettentrinker: Die Welt des Weins ist groß und jeder töricht, der dies nicht nutzt. Selbst wer geschmacklich auf eine Traubensorte, eine Region oder gar nur ein Gut abonniert ist, sollte wenigstens zwischendurch immer wieder Neues probieren. Das erweitert den Horizont, eröffnet neue sinnliche Dimensionen. Nichts ist langweiliger, als jeden Tag den gleichen Lieblingswein zu trinken, und sei der noch so extravagant. Beim Wein ist Monogamie unangebracht, Fremdgehen hingegen eine Tugend. Und so ist man als Weinfreund ständig auf der Suche, wobei das Schöne ist, dass man im Wein auch genussvolle Erfüllung findet.
Umso mehr sind die Etikettentrinker zu bedauern, also jene Spezies, die sich ihre Gewächse vorzugsweise unter dem Aspekt des Luxus und der Moden aussucht. Man trinkt Pétrus, Rothschild und Tralala. Dagegen ist grundsätzlich nichts zu sagen, abgesehen davon, dass zu viel

des Guten leicht teilnahmslos macht. Oder man bewegt sich nur auf international bewährtem Pfade, aus Angst, sich verirrend zu blamieren. Oder man orientiert sich nur an Flaschen, die Weinpäpste wie Parker & Co hoch bepunkten. Dann wird man zwar einen guten Drink haben, sich jedoch vieler anderer Geschmacksfreuden begeben, denn auch abseits der grell beleuchteten Spektakelbühne blühen schöne Gewächse.
Trinkkultur ist ja nichts anderes als das Talent, für jede Stimmung und jeden Anlass den genau richtigen Wein zu wählen, also zum Lammbraten vielleicht einen eleganten Médoc, zum Reh einen burgundischen Pinot noir, zum Hasenrücken royale einen feurig-würzigen Hermitage, zu geschmorten Rindsbacken einen Burgunder mit zugleich tiefer und zarter Aromatik, zum Ziegenkäse einen Rosé, nach der spontanen Liebe am Nachmittag ein Möselchen mit subtiler Restsüße.

F

Feinschmeckerei: Seit Hummer & Co von Küchenkritikern wie Literatur rezensiert werden, ist die Gourmandise zu einer öffentlichen Angelegenheit geworden. Das ist gut so, auch wenn im Schatten der daseinsverschönernden Ess- und Trinkkultur so manche

Übelwurz gedeiht. Da gibt es Gäste, die analysieren stirnzerfurcht die Sauce, statt sie heiter zu genießen. Andere protzen mit ihren finanziellen Möglichkeiten, kaufen grundsätzlich nur das Teuerste, nach dem Motto: "Seht her, was wir uns leisten können." Beides widerspricht dem Wesen der wahren Feinschmeckerei.

Nun ist gegen Kaviar, Austern und Trüffeln außer dem hohen Preis nichts einzuwenden. Nicht weniger glücklich ist der Gourmet freilich, wenn ihm anstelle einer großzügig getrüffelten Poularde ein liebevoll gekochter Eintopf serviert wird. Dass kulinarisches Genie oft im Einfachen steckt, lässt sich dutzendfach mit schlichten Kombinationen belegen: Tafelspitz und Grüner Veltliner, Muschelsuppe und Sauvignon blanc, Spargel mit Weißburgunder, Assam-Tee zum Bergkäse. Und ein zartwürziger Rosé zu frischem Ziegenkäse mit Olivenöl nebst Pellkartoffeln sowie einigen Tröpfchen echtem Balsamico illusionieren einem jederzeit, selbst wenn es regnet, ein Gefühl wie Mozart im Mai.

Die Feinschmeckerei gipfelt im Restaurant. Aber beginnen tut die Gourmandise zu Hause, nämlich bei der

Auswahl der Produkte. Wer seine Lebensmittel und Getränke aus Bequemlichkeit nur im nächstgelegenen Supermarkt kauft, tut sich nichts Gutes an. Der eine Bäcker hat nämlich ein köstliches Roggenbrot, der andere das bessere Baguette. Der Metzger X versteht sich besonders auf Würste, beim Kollegen Y, drei Straßen weiter, ist das Rindfleisch erste Klasse. In dem einen Laden gibt es taufrisches Gemüse, anderswo ideal gereiften Käse und im Freiland gezogenes Bauerngeflügel.
Kulinarische Kultur hat mit Luxus nichts gemein. Nicht das Geld macht den Gourmet, sondern die innere Einstellung sowie die Bereitschaft, dafür etwas Zeit zu opfern und Liebe zu investieren.

Ferienweine: Weine können dich bezaubern wie eine gute Fee, aber auch narren wie ein boshafter Zwerg. Solchen Koboldweinen begegnet man vor allem während des Urlaubs in mediterranen Regionen. Der Thymian duftet mit dem Lavendel um die Wette, die Grillen zirpen, Mücken fliegen ihre Hochzeitstänze: Jeder kennt diese Sinfonie des Südens, komponiert aus Gerüchen und Geräuschen. Die Seele des Urlaubers räkelt sich wohlig und zur Vervollkommnung seines irdi-

schen Glücks bestellt er sich noch eine Flasche. Einen schlichten, würzigen Landwein, nichts Großes, aber er passt zum Schinken, zu dem rustikal in Olivenöl gedünsteten Fisch oder den furchtlos gekräuterten Lammkoteletts, in jedem Fall zur Atmosphäre.
Im Überschwang der Gefühle nimmt man eine Kiste mit nach Hause. Dort ist die Enttäuschung dann freilich groß, denn der Wein schmeckt fade, irgendwie abgestanden. Erbärmlich zerronnen ist die Idee, sich mit dem Wein ein bisschen Ferienstimmung auf die heimische Terrasse zu holen. Der Transport sei schuld, sagen die Neunmalklugen. Das ist Unsinn. Der Wein hat sich kein bisschen verändert. Junge Gewächse, zumal jene von kräftiger Struktur, sind strapazierfähig und überstehen längere Schütteleien, sogar Hitzestaus im Kofferraum. Wichtig ist, dass man die Flaschen nicht direkt der Sonne aussetzt. Sollte sich der Korken etwas lockern, ist das nicht schlimm - allenfalls bitzelt der Wein dann bei den ersten Schlucken etwas auf der Zunge. Hochwertige Château-Gewächse schmecken sowieso überall in der Welt, ausgenommen in Himalaya-Höhen.
Dass der eigenimportierte Bauernwein nicht schmeckt, hat einen speziellen Grund: Die mitteleuropäische Luft

hat auch bei 30 Grad im Schatten eine andere Chemie als die in Frankreich, Spanien, Italien oder Griechenland. Kleine Weinchen sollte man trinken, wo sie wachsen, nur bessere Qualitäten mit ausgeprägter Frucht und Säure lassen sich problemlos verpflanzen.

⊢----- ***Fingerfood:*** In dieses Kapitel gehört alles, was - der Name sagt's - mit den Fingern gegessen wird, ohne Besteck. Das Essen mit den Fingern ist die archaischste Form des Genießens. Nichts, weder Gabel noch Löffel, steht störend zwischen Nahrungsmittel und Mund. Fast Food ist von Haus aus Fingerfood. Pommes frites sind freilich in fürstlichen Küchen erfunden und erst später popularisiert worden. Der "Hamburger" hat als Vorbild das delikate Beef tatar. Austern und Miesmuscheln sind ebenso Fingerfood wie Sandwiches, chinesische Dim Sum, Tortillas und die klassischen Kanapees, die mit 1001 Köstlichkeiten belegt werden können.

⊢----- ***Fingerschale:*** Auch Fingerbowle genannt. Schälchen mit warmem Wasser und einer Zitronenspalte sowie einer Blüte drin, das fürs Reinigen der Finger gereicht wird, wenn der Gast für bestimmte Speisen völlig comme il faut die Hand zu Hilfe nimmt. Wie bei Austern, Muscheln, dem Zupfen von Artischocken, Auslösen von Flusskrebsen oder bei Lammkotelett und Geflügelbein, wo das feinste Fleisch am Knochen sitzt und selbst im Gourmettempel elegant abgenagt werden darf.

Fische: Fragt man Spitzenköche, welches Produkt sie am liebsten verarbeiten, antworten die meisten: Fisch! Warum? Weil Fische mehr Fingerspitzengefühl benötigen als Fleisch. Wird ein Steinbutt zu heftig dem Feuer ausgesetzt, trocknet er aus, lässt man den Waller zu lange im Sud, zerfällt er schon aus Ärger über den lausigen Koch.

Freilich ist der Fisch im Topf nicht gerade ein einfaches Wesen. Das seufzen Hobbyköche, aber auch Profis, nachdem ihnen der St. Pierre - sowieso ein nervöser Geselle - oder sonst ein Fisch entweder hoffnungslos zerfallen oder unbarmherzig trocken und zäh geworden ist. Im Gegensatz zu Rind, Huhn oder Lamm, die man bedenkenlos einige Minuten länger als vorgeschrieben braten kann, ohne dass der Geschmack darunter leidet, reagieren Fische äußerst sensibel auf zu lange Garzeiten.

Der längst zum "Hähnchen der Meere" domestizierte Lachs verzeiht wohl einige Unbill, aber ein zu heftig gedünsteter Butt wird austrocknen, und wer Forelle oder Saibling zu lange im Sud ziehen lässt, entzieht diesen delikaten Fischen gnadenlos das zarte Aroma.

In der Fischküche ist nun mal ein feines Fingerspitzengefühl vonnöten, wobei die Frische des Produkts als selbstverständlich vorausgesetzt wird. Ein Fisch muss aussehen, als käme er direkt aus dem Wasser. Die Augen sollen klar sein, nicht gebrochen wirken, eingefallen, matt oder trüb. Die Haut muss glänzen, fest am Körper haften und sich schleimig anfühlen, fährt man sachte mit der Hand darüber. Rosafarben bis leicht dunkelrot wünscht sich der Kenner die Kiemen, keinesfalls blass, gar gräulich. Das Fleisch, speziell das am Bauch, muss fest sein und darf, drückt man mit dem Daumen auf die Haut, keinerlei Druckstelle hinterlassen. Guter Fisch riecht, ja duftet angenehm nach Jod, Algen und einer Meeresbrise.

Frische Fische wirken, bündig gesagt, so, als würden sie sofort wieder schwimmen, würfe man sie ins Wasser. Von Exemplaren, die traurig daliegen, merkwürdig ergeben, schlaff und müde, als litten sie an Depressionen, sollte man tunlichst die Hände lassen. Daraus kann selbst der trickreichste Koch kein Festmahl bereiten, mag er den Fisch auch in dicken Saucen versinken lassen oder noch so kräftige Gewürze zur Bemäntelung des Altersgouts verwenden und dies vielleicht listig als asiatische Spezialität preisen. Ein Problem in diesem Zusammenhang ist freilich die zunehmende (Un-)Sitte, Fische bereits filetiert und obendrein vakuumverpackt anzubieten. Das verhindert den Frischetest, zudem schmeckt verpackter Fisch längst nicht so gut wie ganzer, der mitsamt der Karkasse gegart wird, also mit Kopf und Gräten.

Ob man seinen Fisch gesotten, gegrillt, gedünstet oder gebraten auf den Tisch bringt, hängt von der Sorte ab und auch von der Tageslaune beziehungsweise der zur Verfügung stehenden Zeit. Eine Seeforelle eignet sich wie der Wolfsbarsch, auch Loup de mer oder Bar genannt, vorzüglich zum Dünsten "en papillote", also in der Aluminiumfolie. Das ist eine ebenso einfache wie geniale Methode: Der Fisch wird mit Salz, Butter und Zitronenschnitten - eventuell auch Weißwein und

Kräutern wie etwa Fenchel - sehr locker in die Folie eingeschlagen und ca. 20 bis 30 Minuten in der Backröhre gegart. Wenn sich die Folie stramm aufzublähen beginnt, ist der Fisch fertig. Beträufelt mit Olivenöl und flankiert von ein paar Kartoffeln (ideal die hörnchenförmigen "Kipfler" oder die französische "La Ratte"), ergibt das ein köstliches Mahl.

Beim Seeteufel, auch Lotte genannt, wird, weil der Fisch wenig Eigenaroma hat, das Braten bevorzugt. Auch dem Zander bekommt die Garung in der Butterpfanne am besten, und eine Seezunge, schneeweiß am Bauch, ist schlicht in Butter gebraten eine Delikatesse, zu der keine Beilage erforderlich ist, ausgenommen ein Glas Wein à la Riesling, Weißburgunder oder Grüner Veltliner. Süßwasserfische wie Waller, Schleie, Hecht und Karpfen sind wiederum ideal in einem Sud aus Lauch, Karotten, etwas Sellerie, reichlich Weißwein, einigen Esslöffel Essig, Salz, ein paar Pfefferkörnern und Kardamomkernen aufgehoben. Zuchtforellen sollten klassisch nach Art der Müllerin in Butter gebraten werden, wohingegen echte Bachforellen und Saiblinge ihr feines Aroma am schönsten im leise wallenden Wurzelsud entfalten (nach dem ersten Aufkochen sofort den Topf vom Feuer nehmen und den Fisch je nach seiner Größe nur fünf bis sieben Minuten sachte ziehen lassen).

Bachforelle: Der auf Deutsch Wolfsbarsch genannte Loup de mer ist eine Delikatesse, ob man ihn nun mit Olivenöl und Weißwein im Rohr gedünstet oder diskret in der Folie gegart hat. Als besonders edler Fisch gilt der Steinbutt: melancholisch im Ausdruck, aber gegrillt und serviert mit einer Sauce béarnaise beschert er dem Gourmet ein privates kulinarisches Weltereignis. Und selbst der inzwischen wie ein Hühnchen des Meeres gezüchtete Lachs kann noch erfreuen - beispielsweise als "Saumon soufflé", der legendäre Klassiker von Paul Haeberlin im elsässischen Dreisternelokal "L'Auberge de l'Ill". Dennoch ist nur die Forelle kammermusikalisch verewigt worden, und zwar von Franz Schubert im "Quintett A-Dur" für Klavier, Violine, Viola, Violincello und Kontrabass, auch "Forellenquintett" genannt.

Das beschwingt und lebhaft einsetzende Lied ("In einem Bächlein helle ...") würdigt einen Fisch, der in zweierlei Qualität vorkommt: gezüchtet und wild. Was millionenfach in Teichen und Zuchtfarmen gemästet wird, ist feinschmeckerisch nicht von besonderem Belang. Zuchtforellen schmecken meist bieder, es fehlt ihnen das zarte und zugleich herzhafte Aroma ihrer wild lebenden Schwestern. Deren Gout lässt sich mit Worten so unzulänglich beschreiben wie etwa ein Adagio von Schubert, aber beides kann man erfühlen. Letzteres an einem milden Sommerabend, wenn die Glühwürmchen ihre Hochzeitstänze fliegen, die echte Bachforelle natürlich beim Essen.

Naturgemäß wird die schwarzgrünlich und rot getupfte Bachforelle von Kennern weit höher geschätzt als die 1872 aus Nordamerika importierte Regenbogenforelle, die am stumpfschnauzigen Kopf mit dem hakenförmigen Unterkiefer und am rötlichen Streifen zu erkennen ist, der sich längs der Flanken hinzieht. Was heute im Handel sowie in Restaurants schlicht unter Forelle, nicht selten freilich auch fälschlich als Bachforelle angeboten wird, ist hauptsächlich die Regenbogenforelle. Sie schmeckt nicht übel, doch niemals so deliziös wie die auch "kleine Tänzerin" genannte Bachforelle, die nur in kühlen, absolut sauber fließenden Gewässern gedeiht. Sie ist temperamentvoll, scheu und eigensinnig, was Angler, zumal nach erfolgloser Jagd, als launisch missverstehen. Die beste Saison für die Bachforelle beginnt im Frühling und zieht sich bis in den Juli hinein; in dieser Zeit hat ihr Fleisch das feinste Aroma.

Für den großen Klassiker, die "Forelle blau", kommt nur die Bachforelle infrage. Dazu bereitet man einen Sud aus Wasser, Weißwein, Essig, Salz, Pfefferkörnern, Zwiebeln, Karotten, Petersilienwurzeln, Sellerie und einem Lorbeerblatt, der etwa eine halbe Stunde sanft köcheln soll, bevor man ihn aufwallen und die Forelle - die ausgenommen und behutsam gesäubert, aber nicht gewaschen wurde, damit der kostbare, das appetitliche Blau verursachende Hautschleim nicht verloren geht - hineingleiten lässt. Sofort die Hitze wegnehmen und die Forelle ca. fünf bis sechs Minuten in dieser Court-Bouillon ziehen lassen. Wenn die Haut aufreißt, ist dies ein Zeichen für frisch gefangenen Fisch.

Der Geschmack der Bachforelle kommt bei dieser puristischen Präparation am reinsten zur Geltung, denn nichts verfälscht das natürliche Aroma. Entsprechend zurückhaltend wird der Meister oder die Meisterin der Küche beim

Anrichten vorgehen. Zerlassene Butter und kleine Kartoffeln, eventuell als Alternative eine Sauce hollandaise werden die leckerste Begleitung sein. Die Noblesse der Forelle blau liegt in der Kunst des Weglassens.

Flambieren: Als Anfang der 70er-Jahre das deutsche Küchenwunder zu erblühen begann - Stichwort: Nouvelle Cuisine -, wurde mit der Schnitzeltunkenküche auch das Flambieren als altmodisch aus den Restaurants verbannt. Wie immer, wenn etwas pauschal verdammt wird, treibt man mit den Teufeln auch die Engel aus, denn gewisse Gerichte gewinnen geschmacklich durch das Abbrennen mit hochwertigen aromatischen Spirituosen wie Obstbränden, Whisky, Cognac, Rum, Likören und Anisschnäpsen. Voraussetzung ist allerdings, dass gekonnt flambiert wird, was heißt, dass der Kellner die Flammen nicht wie ein Pyromane meterhoch schießen lässt.

Umso schöner ist der seit Kurzem zu beobachtende Trend, dass in Restaurants zunehmend wieder flambiert wird: gezielt und mit jenen Speisen, die durch das Aromatisieren an Delikatesse gewinnen. Das gilt für Steaks wie für Scampi, denen - wie allen Krustentieren - speziell Anisschnäpse (wie etwa Pernod) einen raffinierten Gout vermitteln. Ein Nierenragout bekommt durch Gin ein feineres Aroma, Pudding tut ein Hauch von Karibikrum gut, und einem Hühnerhaschee vermag Cognac den entscheidenden geschmacklichen Effet zu geben. Ein Flambier-Klassiker sind Crêpes Suzette. Das Verbrennen des Alkohols ist ein visuelles Vergnügen, doch neben der artistischen Darbietung gewinnt das Dessert durch das Flambieren an aromatischer Finesse. Sinnvolles, zurükkhaltend praktiziertes Flambieren kann für den Gast ein Erlebnis sein: nämlich eine kleine gastronomische Show, deren Ästhetik in Form von bläulich zuckenden Flammen entzückt und einen fromm werden lässt.

Frauen am Herd: Schätzungsweise 99 Prozent aller Spitzenköche zwischen Tokio, München, Paris und New York sind aus tiefstem Herzensgrund der Überzeugung, dass Frauen an den Herd gehören, nur: Der häusliche soll es, bitte schön, sein. Tatsächlich ist der größte Widerspruch in der Gastronomie weiblichen Geschlechts. Frauen, die in der bürgerlichen Küche große Leistungen vollbringen, spielen in den sogenannten

Gourmet-Tempeln nur eine bescheidene Rolle. Die feine Küche ist ein zölibatäres Geschäft. Kochkünstler wie Paul Bocuse oder Eckart Witzigmann, der frühere Dreisternekoch, argumentieren ähnlich: Erstens würden fesche Mädchen die Köche ablenken; Tändeleien stören das auf Hochleistung abonnierte Team. Zweitens sei der Stress am Herd zu stark. Es ist aber auch denkbar, dass Männer die Küche als eine der letzten Zitadellen des Patriarchats verteidigen.

Dass professionelles Kochen, zumal in der Haute Cuisine, eine strapaziöse Angelegenheit ist, stimmt. Man steht unter Hochdruck, wenn es gilt, 30, 40 und mehr Menüs innerhalb weniger Stunden und wie selbstverständlich in bester Qualität zu produzieren. Neon leuchtet gnadenlos den letzten Winkel aus. Es ist heiß, sehr heiß. In den Töpfen summt und brodelt es. Das Hacken, Schneiden, Pürieren, Rühren, Zischen, Stoßen mischt sich mit dem Scheppern der Pfannen, dem Klappern der Deckel und dem Schlagen der Türen zu einer irren Kaskade des Lärms. Dennoch geben in der Wirtshausküche, die ja nicht weniger anstrengend ist, viele Frauen den Ton an, und die italienische Mamma-Küche wäre - der Name drückt es aus - ohne Frauen verloren.

Die hohe Anforderung an Leib und Seele kann es also nicht sein, die das weibliche Geschlecht von der professionell praktizierten Kochkunst fernhält, denn in einigen europäischen Restaurants regieren Frauen, die als Künstlerinnen gelten und es sogar zu drei Sternen vom Restaurantführer "Michelin" gebracht haben. Dazu zählen Annie Féolde von der "Enoteca Pinchiorri" in Florenz, die Akademikerin Nadia Santini vom "Dal Pescatore" in Runate bei Mantua und Luisa Valazza vom "Al Sorriso" in Soriso am Lago d'Orta im nördlichsten Piemont. In Frankreich trumpft zunehmend Anne-Sophie Pic im gleichnamigen Lokal in Valence auf, in Spanien zeigen Elene Arzak in San Sebastian sowie Toni Vicente in Santiago de Compostela, dass Frauen nicht nur lustbringend kochen, sondern auch kühn komponierte Menüs entwerfen und kulinarische Anmut mit Modernität verbinden.

Geradezu eine Großmacht, was hochklassig kochende Frauen anbelangt, ist Österreich. Unbestrittene First Lady der Küche ist Lisl Wagner-Bacher, die in Mautern an der Donau im "Landhaus Bacher" ebenso subtil wie genial eine raffiniert interpretierte Altwiener Küche mit französischen Einsprengseln pflegt. Ihr geschmortes Schulterscherzl mit gebratener Polenta, der Saibling mit frischen Erbsen oder das von ihr erfundene "Caviar-Ei" sind gastronomische Meisterwerke. Eine köstliche Liaison der friulianischen mit der kärntnerischen Küche bietet Sissy Sonnleitner im "Landhaus Kellerwand" in Kötschach-Mauthen. Im salzburgischen Filzmoos verwöhnt Johanna Maier im "Hubertusstüberl" ihre Gäste mit zarten und zugleich aromatisch angelegten Kreationen. Und Eva Salomon lässt im niederösterreichischen Gut Oberstockstall die K.u.k.-Küche in delikat reformierter Weise aufs Neue erblühen.

├----- ***Frikadelle:*** Was im Küchenlexikon nüchtern als "abgeplattete, runde oder ovale Klöße aus Fleisch, Geflügel, Wild oder Fisch" definiert wird, kann, von einfühlsamer Hand zubereitet - außen kross, innen locker und saftig -, eine Wonne sein mit Namen wie Frikadelle, Bulette (leitet sich vom französischen "boulette" für Kügelchen her), Fleischpflanzerl. Die Griechen essen diesen gastronomischen Weltenbummler als Bifteki oder Keftedes, die Engländer als Meatball, die Schotten als "Hackis", die Schweden sagen "Köttbullar". In den USA wurde er als Hamburger zur nationalen Institution und die Österreicher sprechen allerliebst vom Fleischlaberl oder, etwas höherdeutsch, von Fleischlaibchen. Unter Vegetariern kursieren Rezepturen mit Grünkern, Kürbiskern und anderem Gemüsigem. Solche Kreationen haben, zumal für Kinder, den Nachteil, dass sie allenfalls mit Senf, doch kaum mit Ketchup kompatibel sind.

Schon die Vielzahl der Titel ist ein Indiz für die Beliebtheit dieser Speise, die neben Würstchen, Schnitzel, Sauerbraten, Roulade und Eisbein zu den deutschen Küchenklassikern zählt. Im 19. Jahrhundert kannte man die Frikadelle auch als "Hamburger Fleisch", gelegentlich ist sie in Speisekarten noch als "Deutsches Beefsteak" zu orten. Und in der rechteckigen Kastenform mit abgerundeten Ecken sowie gefüllt mit hart gekochten Eiern bäumt sich die original handtellergroße Frikadelle in der Kasserolle zum köstlichen Hackbraten namens "Falscher Hase" auf.

Aber wie das halt oft so ist mit den Sachen, die als einfach gelten: Man geht lässig zu Werke und heraus kommt prompt eine Schlamperei. Tausende misslungener Frikadellen in Metzgereien, Kneipen und Haushalten sind der tägliche Beweis für die These, dass die Zubereitung einer Frikadelle der gleichen Sorgfalt bedarf wie ein Gericht der französischen Hochküche. Und Liebe gehört dazu, eine kräftige Prise Liebe (Puristen drehen das kalte Fleisch nicht durch den Wolf, sondern hacken es fein säuberlich mit der Hand!). Küchenhistorisch gesehen sind die Hackbällchen geboren aus der Idee der Resteverwertung, doch diese haushälterische Enge haben sie längst verlassen und sich durch Verfeinerung zu Individualisten gemausert.

Es liegt in der Natur von Individualisten, dass sie in zahlreichen Varietäten auftreten. Jede Region schwört auf ihr eigenes Fleischbällchen-Rezept, jeder Koch hat das seinige. Auch Eckart Witzigmann, berühmt als Jahrhundertkoch, hat sich bulettenspezifische Gedanken gemacht und schlägt folgende Machart für vier Personen vor: 125 Milliliter Milch mit 125 Milliliter Sahne mischen, lauwarm erhitzen, mit Muskat, Salz und Pfeffer abschmecken. 100 Gramm Semmeln (vom Vortag) in dünne Scheiben schneiden und darin einweichen. Sein Trick: Semmeln nicht in Wasser durchweichen lassen! Nun 100 Gramm fein gewürfelte Zwiebeln nebst 5 Gramm Knoblauch in Butter glasig dünsten, nach und nach 1 Teelöffel getrokkneten Majoran, 1 Esslöffel fein geschnittenen Liebstöckl, 10 Gramm gehackte Petersilie und 100 Gramm fetten, würfelig geschnittenen Kochschinken kurz mitdünsten.

Zum Finale 150 Gramm Kalbshack von der Schulter sowie 250 Gramm Schweinehack vom Hals salzen und pfeffern, mit 1 Teelöffel Dijon-Senf, 2 Eiern und der Zwiebel-Schinken-Masse sowie den gut ausgedrückten Semmeln gut durchmischen, zu Bällchen formen und in einem Butter-Öl-Gemisch langsam knusprig braten.

Unschuldiger, in jedem Fall unkomplizierter klingt das Rezept von Tante Therese, die ihre Fleischlaberl aus einem Pfund magerem Rindfleisch, einer großen Zwiebel, sehr grob geschnitten (macht das Gericht luftiger), einem ganzen Ei plus einem Eigelb und einem altbackenen Brötchen formte, mit Senf, Salz, Pfeffer und Muskat würzte und dem Teig eine gute halbe Stunde Ruhe gönnte, bevor sie ihn beidseitig scharf in Pflanzenöl anbriet und danach circa zwölf Minuten lang sanft zu Ende garen ließ. Ob Witzigmann oder Tante Therese: Hauptsache, die Frikadelle schmeckt auch kalt und ihr entsteigen beim Anstechen alle Düfte des Abendlandes!

Frühstück: Das berühmteste Frühstück gab es bei Tiffany, das teuerste ist impressionistisch, gemalt von Edouard Manet. Das genüsslichste kann man sich privat zu Hause arrangieren - an den Feiertagen mit mehr Muße als sonst, also üppiger, länger und mit Mozart, kurzum: kulinarischer. Am Frühstück scheiden sich die Geister. Die einen stehen zeitig auf, um in Ruhe zu frühstücken. Das sind die Genießer. Andere schlafen lieber länger und begnügen sich mit einem Minimalprogramm. Keine Zeit, keine Zeit! Wer so handelt, versündigt sich an seiner Seele, denn das Frühstück ist die schönste Nische für eine Kultur der Muße.

In der Regel wird das Frühstück konservativ inszeniert. Der Morgen ist für viele ein Ritual des Vertrauten, des Ewiggleichen. Nur keine Experimente, scheint das Motto zu lauten. Der Teetrinker wird niemals zum Kaffee greifen - und umgekehrt. Wer morgens schon Gulasch verträgt oder die kalt gewordene Hähnchenkeule vom Vorabend mit Genuss verspeist, gilt dem Müslifan als Ungeheuer. Der Franzose, der sich mit einem Croissant begnügt, das er in seinen "café au lait" stippt, schaut verständnislos dem Engländer zu, wie der sich an Bohnen und gebratenem Hering ergötzt. Doch nichts ist spannender und zugleich reizvoller als das elegante Durchbrechen von Normen.

Das beginnt bei der Wahl des Getränks, ob Tee, Kaffee, Milch, Säfte. Heiße Schokolade wäre eine delikate Ergänzung. Und anstelle des kernigen Vollkornbrotes sollte man auch mal duftiges Weißbrot nehmen, flankiert von Brioche und Croissants. Zum klassischen Repertoire gehören Butter, Marmeladen, Schinken, Würste, Eier. Letztgenannte weich gekocht im Glas, schaumig als Rührei oder, der Gipfel des Genusses, in Form eines Spiegeleis auf Rahmspinat mit großzügig darüber gehobelter weißer Trüffel. Selbst praktizierende Gourmets, die das abendliche Menü so kunstvoll zusammenstellen wie ein Ballettchef die Choreographie, verharren morgens beim traditionellen Potpourri aus Kaffee, Brötchen, Butter, Marmelade und allenfalls etwas Aufschnitt oder einem Ei. Das nennt man kontinentales Frühstück, man kann aber auch sagen: immerwährende Langeweile.

Frühstück hat also viel mit Gewohnheit zu tun. Aber es bietet sich auch an, um verkrusteten Strukturen in heiterer Genüsslichkeit zu entrinnen Wie bei Menschen, wo der erste Blick oft entscheidet, ob man sich mag oder nicht, werden beim Frühstück die Weichen für das Kommende gestellt. Die erste Mahlzeit des Tages ist ein wesentlicher Teil auf der Bühne des Lebens und ein Stück Gesellschaftsspiegel obendrein.

Gemüse: Die feine Küche ist auf der Basis von Haferschleim undenkbar und Salatbuffets sind in den Tempeln der Gourmandise so deplatziert wie Spinatsaft anstelle von Champagner. Aber Tatsache ist, dass die erstklassige Gastronomie seit geraumer Zeit mit erhöhtem Tempo dem Zeitgeist huldigt, was bedeutet, dass Gemüse zunehmend gleichberechtigt mit Fisch und Fleisch behandelt wird und nicht mehr wie Trixie in der dritten Reihe des Balletts.

Waren Karotten, Spargel, Tomaten und Rübchen noch vor Kurzem nur als dekorative Farbtupfer eingesetzt worden, so begeistern Sterneköche ihre Klientel neuerdings mit delikaten Gemüsekreationen von der Lauchterrine bis zum Ragout aus Steinpilzen, Artischocken, Blumenkohl, Karotten und Kerbel, alles apart getrüffelt und mit einigen Tröpfchen altem Balsamessig parfümiert. Da erblasst die altbürgerliche Gemüseplatte vor Scham.
Eine Art Urheberrecht auf diese grünen Einsprengsel in der Grande Cuisine gibt es nicht. Michel Guérard, einer

der Obermeister der Nouvelle Cuisine, hat schon in den 70er-Jahren reine Gemüsegerichte präsentiert. Hinreißend schmeckt das von ihm entworfene "Spaghetti-Ragout mit feinem Gemüse", wofür er unter anderem fein geschnittene Gurken, Artischocken, Champignons, Blumenkohl, Erbsen und Morcheln weich dünstet und mit den gekochten Nudeln in Olivenöl sanft anröstet. Einige Köche krempelten ihre Speisekarten früh um, andere erst nach und nach.
Und das ist die erfreuliche Botschaft für den Rest des Jahrtausends: die leckere Allianz von großen Braten und Gemüse. Suum cuique, jedem das Seine - wenn dir aber einer einreden will, nur in der Rohkost läge das Heil der Welt, dann halte dich an Danny Kay, den Schauspieler, der einmal gesagt hat: "Mit Vegetariern muss man diskutieren, sobald sie eine Wurstfabrik geerbt haben."

Genuss: Der Mensch, angetrieben vom Applaus der Gesellschaft, von Profit und der Lust an der Herausforderung, ist längst zum Mond geflogen, er zertrümmert die Atome und pfuscht der Natur mit genetischen Basteleien ins Handwerk. Überall stößt man auf übertriebenen Ausdruck, in der Kunst, in der Werbung sowieso, im Alltag und in der Gastronomie, wo es teilweise immer noch alberne Mode ist, den Linseneintopf mit Hummer anzurichten und den Kartoffelsalat mit einem Klacks Kaviar zu servieren, damit der Wirt 40 Euro für die Portion verlangen kann. Die Superlative triumphieren oft über das Einfache, das übersehen, über das Stille, das nicht wahrgenommen wird.

Aber trotz aller Skepsis gegenüber gastronomischen Moden, bei aller Verachtung gegenüber Protzentum und Völlerei: Es ist schön, dass der Himmel voller Delikatessen hängt und der Champagner sich neue Schichten erschlossen hat. Vom Feinsten darf es nicht nur vor Weihnachten gerne ein paar Dekagramm mehr sein, mögen Konsumfeinde noch so schmallippig wider Austern, Hummer, Lachs und in Burgunderwein geschmorten Hasenrücken zu Felde ziehen. So manche gegen genussvolles Essen und Trinken gerichtete Philosophie gründet im Neid - und der ist noch nie die Quelle großen Denkens gewesen, abgesehen davon, dass die Genussfeinde oft nur einem einzigen ehrlichen Impuls folgen, nämlich dem Wunsch, diejenigen zu bestrafen, die eine größere Fähigkeit zum Glücklichsein haben.
Die Antwort wider solchen Verrat an der Freude und solchen Pessimismus ist ein Bekenntnis zum Genuss. Das

hat, um etwaige Missverständnisse gleich auszuschließen, nichts mit Geld zu tun. Bares steht dem Genießen nicht im Wege, doch erkaufen kann man sich Genuss nicht. Das Genusstalent kommt von innen, aus einem selbst heraus. Ein Spaziergang durch die Natur, ein Sonnenuntergang an einem See, Champagner nach der Liebe, Almbutter aufs Bauernbrot, ein Essen im Luxusrestaurant, ein ungewöhnlicher Wein zur blauen Stunde, Austern und Chablis, Ziegenkäse und Rosé oder ein Frühstück im Bett: alles Genuss. Fürs Überleben ist Genuss nicht notwendig, aber ohne ihn wäre alles grau. Genuss ist keine Sünde, solange man ihn nicht zur Religion erhebt und man beim Kaviar nicht schon an den Hummer und beim Hummer nicht schon an den Braten denkt, sich sinnlich verzehrend, wie es Goethe im Faust geschildert hat: "So tauml ich von Begierde zu Genuss, und im Genuss verschmacht ich vor Begierde."
Nur wer sich die Gnade des immer wieder neuen kindlichen Staunens und Freuens bewahrt hat, wer das gastronomische Kammerspiel in Form eines schlichten Muschelgerichts genauso schätzt wie die große kulinarische Oper mit Austern, Steinbutt und getrüffeltem Rebhuhn, der ist ein Genießer - einer, der über den Bratapfel nicht minder jauchzt wie über ein aufwendig zubereitetes Dessert.

⊦----- ***Gerichte mit Geschichte:*** Namen sind nicht immer Schall und Rauch. Zumal in der Kochkunst gibt es zahlreiche Speisen, deren Namen auf bedeutende Personen hinweisen und somit auf sozusagen schmackhafte Weise an historische Ereignisse erinnern. Zu den populärsten Gerichten mit Geschichte gehören:

✶ ***Birne Helene:*** Das Dessert ist Jacques Offenbachs "Schöner Helena" und ihrer ersten Darstellerin, der goldblonden Venus Hortense Schneider, gewidmet. Birne, in Weißwein und Zucker pochiert, mit Schokoladensauce überzogen und auf Vanilleeis nebst kandierten Veilchen serviert.

✶ ***Bismarckhering:*** In einer Marinade aus Essig, Zwiebeln, Senfkörnern und Lorbeerblättern eingelegter Hering. Damit dankte die Fischindustrie dem Reichskanzler für einen großzügig gewährten Kredit. Den großen Feinschmecker, der Otto von Bismarck war, würdigt ein anderes Gericht, die Seezungenfilets à la Bismarck: Die Seezungenschnitten werden in Weißwein und Butter gedünstet und um ein Ragout von Hummer und Trüffeln kranzmäßig angerichtet.

✶ ***Bœuf Stroganoff:*** Eine Kreation von Antonin Carême, dem großen französischen Koch des frühen 19. Jahrhunderts, zu Ehren der Stroganoffs. Feine Streifen vom Rinderfilet werden in Butter gebraten und in einer mit goldbraun gedünsteten Zwiebeln plus geschmorten Tomaten, Senf, gehackten Kapern und Champignons zubereiteten Sahnesauce serviert.

✶ ***Chateaubriand:*** Benannt nach dem französischen Politiker und Schriftsteller (1768-1848) François René Vicomte de Chateaubriand, dessen Küchenchef Montmireil das Gericht kreierte. Ein 500 Gramm schweres Rinderfilet wird im Ofen gegrillt oder mit Butter in der Pfanne rosa gebraten, auf einem Sockel aus entrindetem und geröstetem Weißbrot angerichtet, flankiert von Sauce béarnaise, kleinen runden Kartöffelchen sowie einer Gemüseplatte.

✶ ***Crêpes Suzette:*** Benannt nach Suzette, jener Pariser Soubrette, die mit dem lebenslustigen englischen Kronprinzen Edward bei Charpentier in Paris soupierte, der aus diesem Anlaß dieses ebenso galante wie berühmte Dessert kreierte. Dünne Pfannküchlein werden mit Orangenbutter bestrichen, zusammengefaltet, bei Tisch in der Butterpfanne erwärmt und mit Grand Marnier flambiert.

Cumberlandsauce: Trotz des englischen Namens eine deutsche Kreation, gewidmet Ernst-August, Herzog von Cumberland und Herzog von Braunschweig-Lüneburg (1845-1923) von seinem Hofmarschall, dem Freiherrn von Malortie. Die für Wildgerichte, Pasteten und kalten Rinderbraten ideale Sauce ist komponiert aus rotem Johannisbeergelee, Portwein und Orangensaft, gemahlenem Ingwer, Senf, Cayennepfeffer, fein gehackten Schalotten und Zesten von Orangen sowie Zitronen.

⋆ ***Cumberlandsauce: :*** Trotz des englischen Namens eine deutsche Kreation, gewidmet Ernst-August, Herzog von Cumberland und Herzog von Braunschweig-Lüneburg (1845-1923) von seinem Hofmarschall, dem Freiherrn von Malortie. Die für Wildgerichte, Pasteten und kalten Rinderbraten ideale Sauce ist komponiert aus rotem Johannisbeergelee, Portwein und Orangensaft, gemahlenem Ingwer, Senf, Cayennepfeffer, fein gehackten Schalotten und Zesten von Orangen sowie Zitronen.

⋆ ***Esterhazy-Rostbraten:*** Das nach dem reichen ungarischen Magnatengeschlecht benannte Gericht besteht aus Rinderlendenscheiben, die, gewürzt und leicht mit Mehl bestäubt, erst kurz angebraten und dann in einer Sauce aus Bratenfett, angeröstetem Suppengrün und Zwiebel plus Mehl und Rinderbrühe fertig geschmort werden. Der Sud wird passiert, entfettet, mit Sahne verfeinert und mit Zitronensaft aromatisiert.

✶ ***Holstein-Schnitzel:*** Friedrich von Holstein war deutscher Diplomat (1837-1909) und hatte viel Sinn für die Küche. Das nach ihm benannte Gericht besteht aus sanft panierten, in Butter gebratenen Kalbsschnitzeln. Im Bratenfett Spiegeleier zubereiten, rund ausstechen, auf die warm gehaltenen Schnitzel legen, mit Kapern und Sardellenfilets garnieren. Parallel Weißbrot entrinden, in Butter goldbraun rösten, in Dreiecke schneiden, die mit Räucherlachs, Ölsardinen und Kaviar belegen. Die Schnitzel anrichten, mit den Brotecken umlegen, mit Pfeffergürkchen und Roten Rüben garnieren.

✶ ***Pfirsich Melba:*** Die Welt lag der australischen Sängerin Nellie Melba (eigentlich: Helen Porter Mitchell) zu Füßen und so war es nur eine Frage der Zeit, bis man ihr ein delikates Gericht widmete. Auguste Escoffier, der größte Koch seiner Zeit, entwarf es 1892 im Londoner Hotel Savoy, wo die Diva nach ihren Auftritten in Covent

Garden residierte. Aus Dankbarkeit, weil ihn die Sängerin zu einer ihrer Aufführungen als Elsa im Lohengrin eingeladen hatte, überraschte sie Escoffier beim späten Souper mit seiner "Pêche Melba": Zarte weiße Pfirsiche werden kurz blanchiert, geschält, halbiert, leicht gezuckert, auf Vanille-Eis gesetzt, mit gezuckertem Waldhimbeermark übergossen. Escoffier hatte die Speise mit einem Schleier aus gesponnenem Zucker bedeckt und in einem Silberbecher angerichtet, der zwischen den Flügeln eines aus Eis geschlagenen Schwans stand.

✶ ***Tournedos Rossini:*** Gioacchino Rossini (1792-1868) war ein Maestro der schönen Töne ("Der Barbier von Sevilla") und ebenso ein Meister der Kochkunst. Unter Kennern geschätzt ist eine von ihm entworfene Salatsauce mit schwarzen Trüffeln, berühmt sind die nach ihm benannten Tournedos: Vier rund geschnittene, um die vier bis fünf Zentimeter dicke Lendenschnitten werden mit Speckstreifen umwickelt (damit sie ihre runde Form behalten), in Butter beidseitig kurz und scharf angebraten, leicht gesalzen und bei milderer Hitze weitere zwei bis drei Minuten fertig gegart. Serviert werden die vom Speck befreiten Tournedos auf in Butter angeröstetem Toast, begossen mit einer - zuvor bereiteten - kostbaren Madeira-Rahm-Trüffelsauce und drapiert mit einer Scheibe Gänseleber plus einer schwarzen Trüffel.

✶ ***Waldorfsalat:*** Der nach dem damals exklusivsten New Yorker Hotel benannte Salat wurde nicht, wie oft kolportiert, von einem Koch, sondern von einem Oberkellner erfunden, nämlich vom Schweizer Oscar Tschirky, damals 26 Jahre alt und Maître eben im Waldorf. Der Klassiker besteht aus Knollensellerie, Apfel und diskret gerösteten Walnüssen, mariniert mit Crème fraîche, Joghurt, Zitronensaft, Cayennepfeffer, Honig und einem Hauch Ingwer.

✶ ***Wellington-Filet:*** Benannt nach Arthur Wellesley, dem Duke of Wellington (1769-1852) und Sieger von Waterloo. Rinderfilet salzen, mit Speck umwickeln, ringsum anbraten, erkalten lassen und Speck entfernen. Mit einer Farce aus Zwiebeln, Petersilie, Rosinen, Champignons (alles fein gehackt und in Butter gedünstet) plus Gänseleberpastete sowie Cognac rundum bestreichen, in Blätterteig hüllen und nach Bepinseln mit Eigelb im Ofen goldbraun backen, mit Trüffel-Madeirasauce servieren.

|----- ***Gewürze:*** Mit dem rosigen Behagen des Mannes, der sich seiner Sache sicher ist, führte der Hausherr seinen Gast in die Küche und wies auf ein üppig gefülltes Regal. "Da haben Sie alle Gewürze der Welt", sagte er, stolzgebläht und auf ein Kompliment lauernd. Tatsächlich ist wenig von prall gefüllten Kräuter- und Gewürzarsenalen zu halten. Insbesondere fix und fertige Mischungen à la "Herbes de Provence" sind mit Skepsis zu betrachten. Getrocknete Kräuter verlieren mit der Zeit an Aroma, ihrem wichtigsten Kapital. Thymian verblasst nach spätestens einem Jahr, Basilikum wird fade, Estragon schmeckt nach Gras, Rosmarin wie Lavendel aus dem Kleiderschrank. Vor allem jedoch sind zu viele Gewürze der Tod jedes Gerichts. Dass der Adel und später das reiche Bürgertum bis ins 17. Jahrhundert hinein mit vollen Händen würzte, lag daran, dass Pfeffer, Muskat und Verwandtes teure Luxusprodukte waren, mit denen man protzte. Wer heute überwürzt, ist nur ein schlechter Koch.
Im Mittelalter war das anders. Da wären selbst die schönsten Werke unserer besten Kochkünstler als fade verschmäht worden. Damals ergötzte man sich an immensen, reichlich gewürzten Fleischbergen. Ganze Kälber, Rehe, Wildschweine und Hirsche wurden unzerteilt gebraten

und bei den Tafeln der Mächtigen, garniert mit Gänsen, Rebhühnern, Auerhähnen, auf gigantischen Silberplatten serviert. Ein Merkmal war der hemmungslose Umgang mit Gewürzen; speziell die aus Indien und China importierten Spezereien waren, weil sündhaft teuer, eine Art Statussymbol der Reichen - wie heute ein Ferrari oder das Apartment in New York. Wer es sich leisten konnte, prunkte übertreibend mit orientalischen Gewürzen.

Pfeffer, Zim,. Muskat waren im Mittelalter Kultobjekte auf der Tafel der Oberschicht, die Gerichte teure Spice-Orgien. Hinter der Gier auf die Importe aus sagenhaften Ländern verbarg sich eine Sehnsucht nach fernen Welten, auch nach einer Flucht aus dem engen Alltag. Die französische Hochküche, die Grande Cuisine, hat diesem Rausch weniger gehuldigt. In ihren schweren Saucen und opulenten Gerichten hatten Gewürze sowie Kräuter nur einen kleinen Part. Als Aromaquellen bevorzugten die großen Cuisiniers die Fonds, die Trüffel, den Wein. Der Geschmack war öfter auf forte als auf piano angelegt.
Erst gegen Ende der von Câreme und Escoffier geprägten Grande Cuisine, die bis in die Mitte des vergangenen Jahrhunderts dominierte, wurde es am Herd wieder

ätherischer, gewürziger. Die Meister der Neuen Küche erforschten das Spektrum der Wohlgerüche nach und nach in seiner ganzen Vielfalt, gaben exotischen Gewürzen und frischen Kräutern prominente Rollen, schöpften das Aromatalent von Öl, Essig, Früchten, Kräutern und vor allem Gewürzen aus, nutzten aromatisierende Zubereitungsmethoden. Die wichtigsten Anregungen dafür kamen aus den Esskulturen des fernen Ostens, teils auch aus Lateinamerika.

Heute bietet das große Aromaspiel den Köchen mehr Möglichkeiten als je zuvor: Kräftige Farben und feinste Nuancen, Wohlklang und zarte Dissonanz, Vertrautes wird reizvoll verfremdet, Fremdes zauberhaft vertraut gemacht. Kreative Küchenchefs bringen dank des raffinierten Einsatzes von Gewürzen in ihren Speisen die Gewürze zum Leuchten. Schöpferische Köche betreiben eine Aromatherapie und bringen insofern dem Gourmet einen Hauch vom verlorenen Paradies zurück, zumindest auf den Teller.
Beim Würzen benötigt man freilich Fingerspitzengefühl. Herrlich schmecken drei, vier Blatt Salbei, in Butter kurz kross gebraten, zu Steinpilzen und Nudeln. Kümmel und

Knoblauch geben dem Gurkensalat eine ebenso deftige wie köstliche Note. Schafskäse braucht Basilikum, Borretsch bereichert Tomatensalat, Majoran verheiratet sich gut mit Kartoffelgerichten, Thymian würzt die Lammkeule, Muskat frommt der Eierspeise, ohne Koriander wäre die asiatische Küche aufgeschmissen. Aber bitte vorsichtig dosieren, in den meisten Fällen reicht eine Sorte Gewürz oder Kraut.

Wer einmal schmecken will, wie schwer und stark Gewürze sind, übergießt sie - jedes natürlich einzeln - wie Tee mit siedend heißem Wasser und lässt das Glas zugedeckt einige Minuten lang stehen. Danach kann man, riechend und nippend, den Aromen der jeweiligen Gewürze auf die Spur kommen. Man merkt, dass beispielsweise Lorbeer, überdosiert, eher stinkt als duftet, dass zu viel Würze einem Gericht so wenig frommt wie überreichlich Parfum einem Menschen, man begreift aber auch, dass gut gewürzt in der Küche mehr ist als nur halb gewonnen, dass Gewürze mehr sind als Sendboten aus dem Paradies - sie führten Abendland und Morgenland zusammen und wecken in richtiger Dosierung sogar Glücksgefühle.

|----- ***Gläser:*** Ein Weinglas weckt Erwartung. Noch ehe eingeschenkt worden ist, macht es Lust auf den ersten Schluck. Gläser machen auch Getränke. Das ist kein wohlfeiner Spruch aus dem Werberepertoire der Glasbranche, sondern die gebündelte Erkenntnis aus zahlreichen Weinproben mit unterschiedlich geformten Gläsern. Der gleiche Wein riecht und schmeckt aus einem bauchigen Glas anders als aus einem zylindrisch geformten. Für jeden Weintyp gibt es eine Glasform, die Bukett und Geschmack optimal zur Geltung kommen lässt. Zwar macht kein Glas aus einem schlechten einen guten Wein, aber aus einem falsch gewählten Glas trinkt sich guter Wein schlecht.

Es ist ausgeschlossen, dass ein großer roter Burgunder aus einem schmalen Glas schmeckt. Genauso genussmordend wäre es, einen 1990er Dom Perignon aus einer Sektflöte oder einen grandiosen Bordeaux, wie beispielsweise den 1959er Château Lafite-Rothschild, aus dem weitbauchigen Burgunderglas zu trinken. Der bestgemixte Dry Martini, wie ihn Bogey nippte, als er in "Casablanca" zu Ingrid Bergman "Ich schau dir in die Augen, Kleines" sagte, schmeckt aus einer Kaffeetasse ordinär. Und ein zartherbes Möselchen, serviert in einem wulstigen Glas, würde das Auge verletzen und die Sinne betrügen. Ein Riesling bleibt wohl auch im Bierhumpen ein Riesling, würde darin jedoch zum Witz degradiert.

Niemand weiß, wer erstmals Wein aus Glas getrunken hat - das älteste gläserne Stück, gefunden in Ägypten, soll 7.500 Jahre alt sein. Zwischen diesem Relikt und Weinkelchen der Gegenwart spannt sich die Glaskunst als wichtiger Teil der Tafelkultur in einem breiten Bogen vom Protzentum der alten Römer über die Formenvielfalt der Renaissance, die Lust am Vergolden im Rokoko und den floralen Schmuck des Jugendstils bis zur schlichten Sachlichkeit der Moderne. Schnörkel sind auf dem elegant gedeckten Tisch der Gegenwart ebenso verpönt wie der nur auf den Ernst der Linie bedachte Stil à la Bauhaus, dem die Form alles und der Zweck wenig war. Das zeitgemäße Glas vereint zwei Eigenschaften in Harmonie: Ästhetik und Funktion.

Für jeden Weintyp gibt es eine dazu passende Glasform. Junge, spritzige Weißweine und Rosés trinken sich gut aus einem schlanken, tulpenförmig verlaufenden Glas.

Das Schmale betont den rassigen Charakter. Ausgereifte sowie vollmundige und auch edelsüße Weißweine entfalten ihre markanten Fruchttöne am besten in einem leicht bauchig gerundeten Gefäß, das die Delikatesse der Aromen konzentriert.

Für die vielschichtige Aromatik der Rotweine aus Bordeaux, der Toskana und Rioja ist die längliche Eiform ideal. Rote vom Typ Burgunder und Barolo mit ihrem reichen Duftspiel und dem opulenten Körper bedürfen wiederum eines runden, bauchigen Glases, das die Fruchtakkorde erst sammelt und dann generös freigibt. Champagner perlt am schönsten im hoch geformten Tulpenglas mit distinguiert gerundeter bauchiger Mitte; Schalengläser, wie sie bevorzugt in den Art-deco-Filmen des alten Hollywood geschwenkt wurden, sind nur für süße Schaumweine à la Asti geeignet.

Um Missverständnisse gleich im Ansatz zu vermeiden: Gläser sind des Weines wichtigster Partner; von ihrer Form sowie Beschaffenheit hängt es ab, wie gut sich sein Charakter zu entfalten vermag. Egal, ob man nun zum schlichten Gemüseeintopf einen kernigen Sauvignon blanc trinkt oder einen fein gereiften Burgunder zum Wild: Das weingerechte Glas erhöht in beiden Fällen den Genuss. Das gilt es zu bedenken, nur sollte man aus der Gläserwahl keine Ideologie machen, der man sklavisch huldigt, sondern sich die Freiheit für Experimente ebenso nehmen wie die Souveränität, ein munteres Möselchen auch aus dem für diese Region klassischen Treveres-Glas zu trinken. Das Glas vermag die guten Eigenschaften eines Weins ebenso zu fördern wie zu unterdrücken und zu verfälschen. Das ideale Glas erfreut fünffach: das Auge, die Hand, die Nase, den Gaumen, schließlich das Ohr durchs Klingen.

Getränkekarte: Im Gegensatz zur Speisekarte, die jedem Gast an einem Tisch ausgehändigt wird, erhält die Getränkekarte nur der Gastgeber zur Wahl von Wein & Co. Die Karte ist in Kapiteln geordnet, meist beginnend mit Aperitifs, gefolgt von Weißwein, Rotwein, Schaumwein, Bier, alkoholfreien Getränken, Spirituosen, Likören, Kaffee, Tee.

Gourmet: Hunger und Durst sind getreue Begleiter des Menschen. Das Duo überlebt jede Sättigung, weshalb ihm immer wieder aufs Neue geopfert

werden muss. Ob man es freudlos tut, nur weil die Natur es vorschreibt, oder vergnügt bis zum sinnlichen Behagen: Essen und trinken muss der Mensch, also weshalb dann nicht aus der Pflicht eine Kür machen? Wer das tut, der ist ein Feinschmecker oder Leckermaul, auch Gourmet genannt. Im alten Frankreich gab es noch den Gourmand, der ebenfalls dem Essen frönte, doch im feinen Unterschied zum Gourmet maßlos schlemmte, eigentlich nahe einem Vielfraß war.
Seit Lamm, Steinbutt & Co von Küchenkritikern wie Literatur rezensiert werden, ist die Gourmandise zu einer öffentlichen Angelegenheit geworden. Das ist gut so, auch wenn im Schatten der daseinsverschönernden Ess- und Trinkkultur so manche Übelwurz gedeiht. Da gibt es Gäste, die analysieren stirnzerfurcht die Sauce, statt sie heiter zu genießen. Andere protzen mit ihren finanziellen Möglichkeiten, kaufen grundsätzlich nur das Teuerste, nach dem Motto: "Seht her, was wir uns leisten können." Beides widerspricht dem Wesen der Feinschmeckerei.

Der wahre Gourmet wird eine großzügig getrüffelte Poularde ebenso ehren wie einen liebevoll gekochten Eintopf. Kulinarische Kultur hat mit Luxus nichts gemein.

Nicht das Geld macht den Gourmet, sondern die innere Einstellung sowie die Bereitschaft, dafür etwas Zeit zu opfern und Liebe zu investieren.

Gräten und Knochen: "Nichts ist reizender anzuschauen", so schwärmte der Gourmetpapst Anthelme Brillat-Savarin im frühen 19. Jahrhundert angesichts einer Feinschmeckerin, die elegant einen Rebhuhnflügel mit der Hand zum Mund führte, um daran zu knabbern. Auch heute ist es keineswegs verpönt, sondern erlaubt und vielfach auch genussfördernd, gewisse Speisen ohne Besteck zu essen, mögen steifleinene Benimmtanten deswegen die Augenbrauen hochziehen. Ein Lammkotelett am Knochen, Keulchen vom Geflügel, Brocken vom Parmesan, nicht zuletzt Spargel, selbstverständlich Krabben sowie Krebse, Artischockenblätter und Obst wird der Gourmet am liebsten mithilfe der Finger essen - zu Hause wie im Restaurant und mag das ein Dreisternetempel sein. Zumal in der gehobenen Gastronomie werden Geflügelkeulen mit weißen Papiermanschetten am Knochen serviert, sodass man sich die Finger nicht fettig macht. Außerdem stellt der Service mit lauwarmem Wasser gefüllte und mit einer Zitrone garnierte Fingerschalen zur Reinigung der Hände auf den Tisch.

Überhaupt sollte man den Besuch in einem als "fein" geltenden Restaurant nicht etwa aus der Sorge scheuen, mit den diversen Bestecken nicht zurechtkommen zu können. Erstens werden kaum mehr sogenannte komplizierte Gerichte angeboten, zu deren Bewältigung spezielle Gerätschaften nötig sind. Hummer, Languste, Krabben, Austern & Co werden bereits in der Küche so präpariert, dass sie mühelos und normal mit Messer und Gabel gegessen werden können. Gleiches gilt für Fische, die dem Gast in der Regel filetiert serviert werden. Seezunge, Scholle & Co wiederum haben ein festes Grätengerüst, sodass sie ohne Probleme verzehrt werden können. Sollte sich eine Gräte im Mund verirren, so befördert man die mit der Zunge an die Lippe und von dort mit der Gabel auf den Teller; notfalls darf auch die Hand helfend eingreifen.

Grillen: Niemand kennt den Grund, aber es ist so: Grillen gilt als Männersache. Möglicherweise bricht selbst im Buchhalter für kurze Zeit der alte Nomade durch, wenn er die Fleischstücke auf den Rost legt. Cowboy-Romantik mag eine Rolle spielen, vielleicht ist es aber auch nur die bubenhafte Lust am Zündeln, die Männer, denen ansonsten zum Thema Küche nichts einfällt, wie selbstverständlich den Grillspieß in die Hand nehmen lässt - zumindest so lange, bis die ersten Stücke verbrannt sind und eine Frau rettend einspringen muss. Unabhängig vom Geschlecht ist das Grillen eine ursprüngliche Küche, ob man es nun auf einem schlichten Rost tut oder mit einer teuren Luxuskarosse der Grillwagenindustrie. Wichtig sind folgende Faktoren: saubere Glut, funktionales Grillbesteck, schützende Handschuhe, Konzentration und außer dem Feuerlöscher natürlich ein gutes Glas Wein in der Nähe. Grillen kann man nahezu alles, was roh ist: Fleisch, Fisch, Gemüse, ausgenommen gepökelte Produkte wie Kassler und dergleichen. Klassiker sind Bratwürstchen, Hühnchen, Steaks, Rinderkotelett, Schweinebauch, Lammrücken, ferner Scampi, Zander, Lachs und, ebenso einfach wie delikat, Gemüse-Spießchen (beispielsweise bestückt mit Champignons und Tomaten, die man gut zehn Minuten lang in einer Marinade aus Olivenöl, Salz, Pfeffer und Kräutern hat ziehen lassen). Attraktiv ist ein ganzes Spanferkel, aber dazu bedarf es neben einer größeren Feuerstelle schon einiger Routine. Neben Fleisch machen auch Kartoffeln und Gemüse eine gute Grill-Figur. Bunte Grill-Ideen wie mediterranes Gemüse am Spieß oder gefüllte Paprika lassen auch das Auge mitessen. Wer kein Gemüsefan ist, kann sich mit einem gegrillten Obstspieß zum Nachtisch etwas Gutes tun. Einfach Obst wie Äpfel, Birnen, Bananen, Pfirsiche oder Aprikosen in Stücke schneiden, mit Fruchtsaft und Gewürzen marinieren und auf Spieße stecken. Ganze Bananen werden ungeschält auf den Rost gelegt. Köstlich schmecken Schweinerippchen mit Honigsauce. Diese Spareribs gehören zu den beliebtesten Grillspezialitäten in den USA, wo das sogenannte Barbecue - wie auch in Südafrika - einen hohen gesellschaftlichen Stellenwert hat.

⊦----- ***Grüne Soße:*** Ein sozusagen grüner Klassiker ist die Grüne Soße, dieser köstliche Mix aus diversen Kräutern zu gekochtem Rindfleisch, Spargel, Kartoffeln, Eiern, Fisch, Quark & Co. Von den schätzungsweise 1001 Saucen, die es weltweit gibt, ist freilich keine so umstritten wie die Grüne Soße. Im berühmten "Kochkunstführer" von Escoffier, dem Starkoch der Belle Époque, ist die "Grie Soß", wie sie von den Frankfurtern genannt wird, ebenso wenig aufgeführt wie unter den knapp 600 Saucen in "Hering's Lexikon der Küche". Die französische "Sauce verte", was ja grüne Sauce heißt, ist registriert, auch eine "Sauce Allemande" (Samtsauce mit Muskat, Eigelb, Champignonfond, Butter) findet sich, aber keine Frankfurter Grüne Soße.

Im privaten Kochbuch der mit Goethe verwandten Frau Rat Sophie Schlosser ist eine "Grüne Sauce zum Ochsenfleisch" aufgeführt: "Für drei Personen werden drei hart gesottene Eier bereitet. Das Gelbe wird fein zerdrückt, mit Salz und Pfeffer gewürzt und mit andert-halb Löffel Öl, einem Löffel Essig und einem halben Löffelchen Senf vermischt. Alsdann werden fein gewiegt: Petersilie, Boretsch, Pimpernel, Estragon und gut unter die Masse gerührt. Je nach der Dicke des sauren Rahms kommen drei bis vier Löffel darunter. Die Sauce wird durch ein Sieb gedrückt und die Kräuter, die sich nicht durchdrücken, weggelassen."

Das Rezept der herrschaftlichen Dame, die das französische "Sauce" verwendet, ähnelt stark der "Grie Soß", doch Frankfurter Soße-Puristen schreien gequält auf, wenn Estragon in ihr Heiligtum gerupft wird. Auch Schalotten, Gewürzgurken, gar Basilikum oder Dill werden strikt abgelehnt. Die echte Frankfurter Grüne Soße, so heißt es, bestehe aus sieben heiligen Kräutern: Petersilie (vorgezogen wird die krause Variante, obwohl die glatte aromatischer ist), Kerbel, Sauerampfer, Pimpinelle (auch Pimpernell genannt), Borretsch, Gartenkresse (auch Pfefferkraut genannt) und Schnitt-

lauch. Die Kräuter werden fein gehackt, wobei es zum allerliebsten Zank kommen kann, ob das mit einer Küchenmaschine geschehen darf oder nicht. Die hochtourige Technik würde die wertvollen ätherischen Öle vorzeitig verschleudern, und der Schneidwolf zerquetsche sie, monieren die Puristen. Akzeptiert wird von gusseisernen Traditionalisten nur das Wiegemesser.
Diese authentische "Grie Soß" - die Kräuter gibt es übrigens in grün bedrucktem Papier abgepackt für zwei bis drei Euro zu kaufen - genießt der Hesse zu hart gekochten Eiern, Tafelspitz, Pellkartoffeln, pochiertem Fisch, Gemüsesülzen und derlei lukullischen Vulgaritäten.

H

|----- ***Hautgout:*** Konträr zur Küche der Altvorderen, die den Hautgout als ein Maximum an Geschmack schätzten, treibt er nur noch in alten Kochbüchern sein Unwesen. Dieses Stadium der Überreife - beschönigend Hochgeschmack genannt - war das Ergebnis wochenlangen Abhängens. Das Fleisch schmeckte dann, unbarmherzig gesagt, leicht verdorben, wie etwa ein Fasan, von dem Anthelme Brillat-Savarin, der Gourmetpapst des frühen 19. Jahrhunderts, forderte, ihn so lange an den Schwanzfedern aufzuhängen, bis der Vogel von selber herunterfällt.

Das lange Abhängen diente auch dem Nachreifen, um ältere, zähfleischige Tiere mürber zu machen. Allerdings musste der dadurch entstandene Hautgout beseitigt, zumindest gemildert werden, was prompt zu einer weiteren Todsünde wider das feine Wildaroma führte: das Überwürzen. Mit vollen Händen haben die Altvorderen in die Pfefferbüchse und Kräuterdose gegriffen. In einem 100 Jahre alten Rezept bearbeitet Anna Koller, ehedem Köchin im "Löwenbräu" in Bad Reichenhall und zuvor in der Bad Ischler "Post", einen Hirschrücken mit Essig und einer Vielzahl an Kräutern sowie Gewürzen.
Lichtjahre davon entfernt ist die Reh-Variante von Heinz Winkler. Der für puristischen Stil berühmte Meister zeigt in seiner "Residenz" im oberbayerischen Aschau am Chiemsee, wie gut Reh schmecken kann, vorausgesetzt, es handelt sich um erstklassige Fleischqualität: Der akkurat frisierte, also von Fett und Strähnen befreite Rücken, wird, ummantelt mit hauchdünn geschnittenem, ungeräuchertem Speck, in einem das Fleisch fest umhüllenden Salzteig bei 220 Grad Hitze circa zwölf Minuten lang im Rohr gegart. Herausnehmen und laut Winkler "sechs Minuten am Herdrand nachblubbern lassen", bevor man den Salzteig (Rezept gibt es in jedem guten Universal-

kochbuch) aufschneidet und den Rücken artig tranchiert. Dank dieser schonenden Garung wird das Fleisch nicht geröstet, es bekommt keine Kruste, sondern ist durch und durch gleichmäßig zartrosa gebraten, von der Mitte bis zur Oberfläche. Auf gleiche Weise lassen sich übrigens auch Rücken von Hirsch und Lamm braten.

Veraltet ist auch das Beizen, also das Einlegen von Wild in Rotwein, Essig oder Buttermilch. Mit diesen Marinaden wollte der altertümliche Koch entweder das Fleisch über Wochen hinweg konservieren - Kühlräume gab es keine - oder den durchs Abhängen deutlich gewordenen Hautgout halbwegs neutralisieren. Obendrein sollten die Säuren von Wein und Essig das Fleisch weicher machen. Das Ergebnis ist freilich fatal, denn das Wild verliert seinen typischen Eigengeschmack: Reh, Hase, Gemse, Hirsch und Wildschwein gleichen sich im Aroma; die Beize nivelliert erbarmungslos jede Eigenart.

Herd-Trieb - Kochen als neuer Eros: Alles, was gegessen wird, ist Gegenstand der Macht, befand Canetti in herrischer, freilich kryptisch überhöhter Definition. Da ist was dran, speziell bezogen auf die pro-

fessionellen Veredler und Vermittler der Nahrung, unsere Ernährer, die Köche. Die sind die Hohepriester dieser universal zu verstehenden Macht, und zu keiner Zeit war deutlicher als heute, dass die Macht der Köche groß ist. Es ist eine friedliche Macht und eine geschmackvolle dazu, sofern ein Gerechter am Herd steht. Aber egal, ob nun ein Genie kocht oder ein Schlamper, Kochen ist der neue Eros einer Gesellschaft, die, je verworrener die Weltlage ist, je brüchiger das Privatleben und je unsicherer der Beruf, desto sehnsüchtiger nach Orientierung sucht, nach Wärme - und beides am bequemsten wie obendrein genüsslichsten an einem Ort findet, der seit der Mutterbrust die heile Welt symbolisiert: die Küche!
Die Küche ist das Zentrum des Lebens, für die Hungrigen die Verheißung paradiesischer Glückseligkeit, ein Ort des Überschwangs und der üppigen Lebensfreude, kurzum eine Nische, wo der Mensch noch Mensch sein darf im hemmungslosen Ausleben seiner individuellen Neigungen. Die Feinschmeckerei ist ja das sozusagen öffentlich erlaubte Praktizieren einer leiblichen Wollust. Zwar weiß man nicht, wer den Röstprozess entdeckte. Das schmort im Dunkel der Geschichte. Vermutlich war es Zufall, doch die Nutzung des heiligen Feuers als Urenergie allen

Kochens war so wertvoll wie die Tat desjenigen Menschen, der als Erster mit einer Blume den Esstisch dekorierte. Nahrung bestimmt schließlich von Geburt an das Leben, und die Umstände des Kochens beziehungsweise des Essens spiegeln auch immer das jeweilige gesellschaftliche Lebensgefühl wider.

Dass Kochen und auch die Lust daran uralt ist, braucht also nicht langmächtig belegt zu werden. Noch bevor der Mensch die Höhlen bemalte und sich Hütten baute, musste er essen. Kochen ist die erste kulturelle Handlung der Geschichte gewesen und somit die älteste Kunstgattung. Aber dass der Bauch des Hauses zu einer Tankstelle der Seele, ja zum Salon geworden ist, in dem Saucen geistreich sein dürfen, das eben ist die spektakuläre Dimension des neuen Herd-Triebes, der nicht nur in Deutschland tobt und der Nation ein frisches Küchenwunder beschert, sondern längst auch international ein Phänomen ist, an dem die Soziologen, sonst flink mit Etiketten bei der Hand, noch rätseln und begrifflich an einer Erklärung basteln.
Mit freiem Auge ist zu sehen, wie die Welt, zumindest die westliche, dem Eros des Kochens erliegt. Vor allem Männer zieht es zunehmend an den Herd, um dort singuläre

Großtaten zu vollbringen. Kochen hat Sex-Appeal bekommen. Die Geschichte des Kochens ist die Geschichte einer ungebändigten Lust am Essen, was die mitunter geniale Schöpfung wunderbar eingefädelt hat, denn ewige Sattheit wäre das Ende aller Hoffnung und würde uns so schöner Erlebnisse berauben, wie sie nun mal die Küche bietet. Ein bravourös im Ganzen gedünsteter Wolfsbarsch oder eine keck getrüffelte Poularde sind nicht nur sinnliche Wonnen. Sie vermitteln Gelassenheit, Stärke und das angenehme Gefühl, dass der Lärm der Welt im Moment des Genießens draußen bleibt.

Das Bain-Marie, die gusseiserne Pfanne von Le Creuset, der Teppan-Yaki-Grill, Kupfertöpfe, wie sie die Profi-Köche benutzen, japanische Keramikmesser, Mörser aus Marmor und Besteck von Christofle sind zu Statussymbolen geworden mit einer silbernen Entenpresse als Höhepunkt privater Erfüllung. Tischgespräche über die Melancholie des Steinbutts oder die Vorteile des Garens im Salzteig gehören zum fashionablen Salongeplauder, und selbst gestandene Wirtschaftsführer empfinden es als schick, im Restaurant vom Küchenchef mit Handschlag geadelt zu werden. Kochkurse boomen, Kochshows gibt es ohne Ende, das Internet platzt vor Küchen-Blogs,

Kochbücher avancieren zu Langzeitsellern - dabei vermag niemand das Paradox zu deuten, wie es möglich ist, dass es andererseits immer mehr Fertiggerichte gibt und die Fast-Food-Industrie floriert.

Männer, die gestern noch einen Frisée für eine Kreation von Vivienne Westwood gehalten haben oder sonst irgendwas Modisches, stürmen heute kochwütig mit sanfter Verrücktheit im Blick die Bauernläden und plaudern verliebt über Senf, Essigsorten, Fleur de Sel und ob Vanilleschoten aus Tahiti oder Madagaskar der Vorzug zu geben sei. Manager schlagen Wurzeln in der Küche und blühen bei Kochkursen auf, obwohl sie dort angesichts zerronnener Saucen und zerfallener Soufflés oft mehr Demut als Hochmut erleben. Sie entspannen beim Schnippeln von Gemüse, Tranchieren von Geflügel, Filetieren von Fischen und genießen die Vorfreude auf ein selbst komponiertes und umgesetztes Menü. Ich koche, also bin ich!

|----- ***Horsd'œuvre:*** Kleine feine Happen, die vorweg genascht werden, den ersten und zwingenden Hunger auf delikate Weise befriedigen sollen. In manchen Speisekarten wird der Begriff noch verwendet, zumeist

spricht man heute von "Amuse-Gueule". Der Italiener nennt diese Leckereien "antipasti", der Spanier sagt "entradas", in den USA heißen sie "appetizers".

Hummer & Co: Im Kosmos der Krustentiere ist der Wirrwarr quasi vollautomatisch eingebaut. Im Gegensatz zu Hummer (der mit den großen Scheren) und Languste (die Scherenlose mit den langen Fühlerantennen), bei denen es keinerlei Identifikationsprobleme gibt, bestehen bei einigen anderen Krustentieren erhebliche Irritationen. Geradezu babylonisch ist das Namenschaos bei den Garnelen. In den USA werden sie unter anderem als "Prawn" angeboten, in Spanien als "Gamba", als "Crevette" in Frankreich und als "Gamberi" in Italien. "Shrimps" ist eine englische Bezeichnung für kleine Garnelenarten. Unter "pink shrimps" sind Scampi zu verstehen: der Plural von Scampo, bei dem es sich eigentlich um den Kaisergranat handelt, der wiederum oft und fälschlich als Langostino präsentiert wird. Die Nachlässigkeit im Umgang mit den Artbegriffen geht so weit, dass nahezu alle Garnelen mit ausgeprägtem Schwanz kurzerhand als "Scampi" angepriesen werden. Die zumindest in Deutschland bekannteste Garnele ist die Nordseekrabbe mit ihrem grünlich-braunen Panzer.

Die Languste, französisch langouste, italienisch aragosta, englisch crawfish und spanisch langosta genannt, unterscheidet sich augenfällig vom Hummer, weil sie keine Scheren hat, stattdessen besonders lange Fühler mit hochdelikatem Fleisch in den Ansätzen. Das an nahezu allen felsigen Küsten lebende Tier ist von Natur aus orangebraun gefärbt, das feste weiße Fleisch hat ein dichtes Aroma und schmeckt einen Hauch süßer als das des Hummers. Von Dezember bis Mai werden rotbraun gefärbte Langusten aus Südafrika lebend nach Deutschland eingeflogen, die vor der Küste Mauretaniens gefangenen Exemplare werden als "Langouste rosé" angeboten.

Eine glatte Phantasiebezeichnung sind die "Hummerkrabben". Die gibt es offiziell gar nicht, doch werden sowohl "Freshwater-Prawn" aus warmen asiatischen Meeren wie Tiefseegarnelen aus nördlichen Gewässern um Grönland und Spitzbergen schmeichlerisch als "Hummerkrabben" angeboten. Den Verbraucher mag es letztlich nicht interessieren, wie das Produkt heißt, sofern es nur tadellos zubereitet ist. Gourmets jedoch wisssen, dass Kaltwasser-Garnelen deutlich aromatischer sind als ihre Verwandten aus tropischen Meeren. Und Scampo vulgo Kaisergranat vulgo Langustine ist als Hummervetter besonders schmackhaft, weshalb dieses scherenbewehrte Krustentier auch "Prinzessin der Meere" genannt wird.

Der meiste Hummer stammt aus Übersee, speziell Nordamerika, wo er auch in Frischwassercontainern monatelang gehalten wird und deshalb das ganze Jahr über verfügbar ist. Die geschmacklich beste Zeit für den europäischen Hummer ist übrigens von Mai bis September. Dass Kenner den europäischen Hummer vorziehen, hat nichts mit abendländischer Überheblichkeit zu tun. Kanadischer Hummer und die berüchtigt großen Maine-Lobster, erkennbar an ihrem rötlich-braunen Farbton im rohen und am fahlen Rot im gegarten Zustand, haben ein etwas derberes Aroma. Europäische Hummer - in Frankreich "Homard" genannt, "Astice" in Italien und "Langosta" in Spanien - sind vor dem Kochen tiefblau bis schwarz und danach dunkelrot, weshalb sie auch als "Kardinale des Meeres" bezeichnet werden, was Wilhelm Zwo hat sagen lassen: "Ist rot, schmeckt trotzdem."
Keinerlei Virtuosität benötigt man in esstechnischer Hinsicht. Im Restaurant wird das Fleisch des Hummers wie der Languste in der Regel bereits ausgelöst serviert,

sodass es sich mit Messer und Gabel wie ein Steak behandeln lässt; das gilt auch für fast alle anderen Krustentiere.

⊢----- ***Jahrgänge:*** Verstohlen, wie einst beim Schummeln in der Schule, linste der Gast im Restaurant in eine jener handlichen Jahrgangstabellen. Dann erst bestellte er den Wein. Derlei Scham ist unangebracht. Einem notorischen Weinfreak werden die meteorologischen Daten jedes Jahrgangs vertraut sein. Aber wozu soll man sich den Kopf mit Daten verrammeln, wenn es diese wunderbaren Kärtchen gibt, auf denen alles steht. Sie sind ein brauchbares Accessoire. Wichtig dabei ist nur, dass man die Jahrgangsbewertungen nicht pauschal als ultimative Wahrheit sieht, sondern wie einen Kompass zur Annäherung an den dem jeweiligen Anlass angemessenen Wein benützt.

Wie jedes starr angelegte Schema hat natürlich die punktemäßige Erfassung von Jahrgangsqualitäten ihre eingebauten Unzulänglichkeiten. Allgemeingültige Werte, wie sie Juristen aus dem Gesetzbuch schöpfen, kann es bei einem so lebendigen und sensiblen Produkt wie dem

Wein gar nicht geben - und das macht jedes Jahr aufs Neue das Forschen nach den guten Weinen so aufregend. Vollen Herzens lässt sich eigentlich nur einer These zustimmen, und die ist ziemlich butterweich formuliert: Nicht jeder Wein eines berühmten Jahrgangs ist gut, aber auch nicht jeder Wein aus einem mageren Jahr schlecht. Es lebe die Differenzierung! Das entscheidende Kriterium bei der Wahl eines Weins sollte ohnehin nicht das ihm übergestülpte Renommee sein, sondern der Anlass, zu dem er getrunken wird.

K

Käse: Unter Gourmets entbrennt mitunter ein zarter Streit um die Frage, ob Käse oder Süßes das Menü beschließen soll. In Restaurants ebenso wie bei offiziellen Anlässen wird in der Regel erst der Käsewagen vorgefahren und danach das Dessert serviert. Diese Reihenfolge hat auch damit zu tun, dass vom Hauptgang, der meist aus Gebratenem oder Geschmortem besteht und von Rotwein begleitet wird, noch Wein für den Käsegang übrig bleibt. Zwar passen zu vielen Käsesorten gerade Weißweine ideal, doch die Neigung der Gäste ist gering, nach Rotem nochmal auf weiße Gewächse umzuschwenken. Angesichts der meist reichhaltig bestückten Käseplatte, die dem Gast zur Auswahl präsentiert wird, empfiehlt es sich, sich vom Service beraten zu lassen und präzise seine Wünsche zu äußern, das heißt, vor allem die besonderen Vorlieben - oder Abneigungen - zu nennen, also für oder wieder Hartkäse, stark duftigen Rotschmierkäse, Schimmelkäse, Ziege oder Schaf. Fast jeder Käse schmeckt so, wie er riecht. Guter Rohmilchkäse - und der Kenner wird jederzeit einen Rohmilchkäse der pasteurisierten Standardware vorziehen - kann fein nach Steinpilzen duften, nach Malz und Nüssen. Perfekt gereifter Weichkäse muss von cremiger Geschmeidigkeit sein und auf Fingerdruck sanft nachgeben. Wenn er zu schnell "läuft", wurde er unsachgemäß gelagert und kann beißend schmecken. Bei Edelpilzkäse soll der Schimmel gleichmäßig verteilt sein und bis an den Rand reichen. Im Hartkäse dürfen die Löcher nicht oval sein, sondern möglichst rund und nur haselnussgroß; sie entstehen übrigens durch Kohlensäuregase, die sich beim Reifeprozess bilden, nicht entweichen können und in dem dann noch weichen Käse zu Blasen führen.

Bei der Auswahl eines Käsebuffets spielen naturgemäß die Saison sowie die individuelle Stimmung eine Rolle. Obligatorisch ist entweder Brie de Meaux oder der sahnige Chaource aus der Champagne - alles Weichkäse mit Schimmelrinde. Sogenannte Rotschmierkäse sind der kräftige Maroilles, der herzhafte Pont l'Evêque, der elsässische Munster oder der aromatische Livarot. Ein nobler Käse ist der runde Reblochon mit dem dezent nussigen Aroma. Pikant schmeckt der diskret mit Knoblauch parfümierte Gaperon, sahnige Rasse hat der Langres. Hartkäse darf nicht fehlen, sei es ein Appenzeller, alter Bauerngouda oder Comté. Bei den Edelpilzkäsen gibt es den betont würzigen Roquefort, den kräftigen Stilton oder weichen Fourme d'Ambert. Bei einem guten Käseteller sind Ziegenkäse ein weiteres Muss.

Dazu passt Champagner oder ein Weißwein von kerniger Würze wie ein Sauvignon blanc. Es muss nicht langmächtig belegt werden, dass Käse und Wein ein naturgeborenes Paar bilden.

Unschlagbar sind Kombinationen wie: Munster und Grauburgunder (auch Ruländer oder Pinot grigio genannt), Ziegen-Pyramide und Sauvignon blanc, Livarot und Traminer, Brie de Meaux und Spätburgunder (Pinot noir), Parmigiano und Barolo (oder Barbaresco), Blauschimmelkäse und edelsüßer Wein (oder Cream-Sherry), Tilsiter und Silvaner, Tête de Moine und Chardonnay, Tallegio und Grüner Veltliner, gereifter Bauerngouda und roter Bordeaux, kräftiger Bergkäse à la Appenzeller und Châteauneuf-du-Pâpe, Stilton und Portwein, Bleu de Bresse und Tokajer. Das sind kulinarische Pas de deux.

Das schönste Bekenntnis zur Käse-Wein-Ehe stammt vom schwedischen Schriftsteller Lars Gustafsson, der auf die Frage nach seiner Lieblingsbeschäftigung antwortete: "An einem sonnigen Tag im Juli in das seichte nördliche Gebiet des Sees Amänningen zu segeln, bei sehr schwachem Wind, mit einer wunderschönen Frau und einem Korb mit Weinflaschen und Käse an Bord." Das zeugt von Lebenskunst und nichts spricht dagegen, Ähnliches zu tun, ob man Käse und Wein nun rein aus dem Bauch heraus oder mit Bauch und Hirn kombiniert.

Kaffee: Vermutlich ist es nur eine Legende, dass Mohammed, als er Kaffee trank, danach 40 Männer aus dem Sattel hob und hinterher 40 Frauen liebte. Der überzeugte Kaffeetrinker wird diese Geschichte nicht ganz unglaublich finden, jedenfalls der Meinung sein, dass die schwarze Verlockung namens Kaffee nicht nur stark macht, sondern auch den Geist antreibt. "Wenn meine Ziegen die Kaffeebeeren fressen, beginnen sie zu tanzen", soll ein Hirte im achten Jahrhundert gesagt haben. Tatsache ist, dass die Kirchenoberen das schon wegen dieser Wirkung als teuflisch angesehene Getränk erst ablehnten, doch das köstliche Aroma soll ihr Gemüt schließlich doch besänftigt haben. Und so wurde der Kaffee das Überzeugungsgetränk des aufstrebenden Bürgertums.

Für den Botaniker sind solche kulturgeschichtlichen Vignetten vermutlich zweitrangig. Er wird dozieren, dass der auch Coffea genannte Kaffee zur Familie der Rubiaceae (Rötegewächse) gehört. Seine Urheimat ist das Hochland von Äthiopien, das frühere Abessinien. Hier wächst der Kaffeebaum noch wild und wird bis zu zwölf Meter hoch. Heute ziehen sich die Anbaugebiete wie ein breiter Kaffeegürtel entlang dem Äquator rund um die Erde, vom Wendekreis des Krebses bis zum Wendekreis des Steinbocks. In den Plantagen werden die Bäume durch steten Beschnitt auf zweieinhalb bis drei Meter Höhe gehalten, was die Erträge fördert und vor allem die Ernte erleichtert. Zwei Sorten dominieren den Markt: die Coffea arabica sowie die Coffea canephora, besser als Robusta bekannt.

Die beerenartige Frucht mit einem Durchmesser von etwa 15 Millimetern wird als Steinfrucht oder Kirsche bezeichnet. Unter einer Schale und einer weichen Schicht aus Fruchtfleisch befinden sich in der Regel zwei Samen beziehungsweise Bohnen, die von einer weißlichen Pergamenthaut geschützt sind. Diese grünen, oval geformten Bohnen von durchschnittlich zehn Millimetern Länge wiegen 0,15 Gramm und bilden, sobald sie rot gereift sind und geerntet werden, das eigentliche Gold der Kaffeepflanze, aus dem durch einen Röstungsprozess das tägliche Lieblingsgetränk für rund eine Milliarde Menschen erzeugt wird.
Auch wenn sich die Bohnen der beiden Sorten - Arabica und Robusta - sehr ähneln, sind die Unterschiede im Geschmack doch erheblich. Arabica-Kaffee ist deutlich milder und aromatischer, nicht so bitter und adstringierend wie Robusta. Kaffee hat übrigens einiges mit Wein gemeinsam, u.a. dies, dass dieselbe Sorte auf unterschiedlichen Böden auch unterschiedliche Qualitäten hervorbringt. Die Höhe des Anbaugebiets ist für die Güte der Kaffeebohne ebenso entscheidend wie das sogenannte Terroir und schließlich die Pflückmethode, von der es abhängt, ob die Kaffeebohnen durchweg reif oder im Gemisch mit unreif geerntet werden.

Kaffeehaus: Kaffeehäuser gibt es überall in der Welt, aber nur die Österreicher haben aus dieser über 300 Jahre alten Einrichtung eine Weltanschauung gemacht, deren innerster Inhalt es laut dem Schriftsteller Alfred Polgar ist, "die Welt nicht anzuschauen". Im Café ist man nicht zu Hause und doch nicht im Freien, nicht daheim und doch zu Hause. Man liest, spielt Schach und Karten, schreibt Briefe, trifft Freunde wie Feinde, klatscht, schaut und will auch gesehen werden. Die einen spielen Genie in der Erwartung, auch als ein solches angesehen zu werden, andere sind auf der Suche nach der verlorenen Zeit. Und natürlich blüht der Tratsch quer durch die Stände und Geschlechter; die Kaffeeonkel stehen den Kaffeetanten nicht nach.
Früher einmal, vor mehr als 100 Jahren, war das Kaffeehaus auch ein Ort der Provokation, politisch wie künstlerisch. Literaten, Maler und Komponisten erschreckten mit avantgardistischen Werken das Bürgertum, und Revolutionäre probten zwischen Plüsch und Kaffee den Aufstand. Nach dem Zweiten Weltkrieg schienen die Kaffeehäuser gefährdet. Aus vielen von ihnen wurden Banken und Versicherungen, andere modelte man, dem Zeitgeist der Moderne huldigend, zu Eisdielen und

Espressobars um. Kommerz und Neon triumphierten über Geist und Mahagoni - allerdings nur vorübergehend, denn umzubringen war das Kaffeehaus nicht, nicht als Institution und schon gar nicht als Idee. Je schneller der Mensch die Atome spaltete und die Chips tanzen ließ, umso intensiver sehnt er sich nach der kultivierten Geborgenheit des Kaffeehauses.

Nun wird im Kaffeehaus nicht nur Kaffee getrunken. Nebst dem obligatorischen Glas Wasser, das immer noch unaufgefordert erneuert wird, gibt es Tee, Bier, Likör, belegte Brote, Würstel, Kuchen und Eierspeisen. Man frühstückt im Kaffeehaus und zelebriert seine kleinen Zwischenmahlzeiten bis hin zum Mitternachtsimbiss.

|----- ***Kartoffelsalat***: Der Kartoffelsalat ist ein altdeutscher Klassiker, der in Bayern und Österreich immer noch Erdäpfelsalat heißt. Der zeitlose Erfolg dieses Gerichts muss nicht langmächtig belegt werden. Das in Gaststätten traditionell zu Karpfen, Wiener Schnitzel, Fischfilet, Spanferkel, Schweinebraten, Siedewürstchen und paniertem Geflügel wie dem Backhendl servierte Bürgerschmankerl ist längst zum Weltkind avanciert. In

Pariser und New Yorker Feinschmeckerkreisen ist man wild auf Erdäpfelsalat.
Manche Köche legen das Gericht allerdings recht schlicht an, um nicht zu sagen phantasielos; sie begnügen sich mit Schalotten, Schnittlauch, Olivenöl, Weinessig, Salz, Pfeffer und einem Löffel Senf für die Marinade. Da hat die Rezeptur von Eckart Witzigmann, zum "Koch des Jahrhunderts" geadelt, schon mehr Pfiff: Sechs mittelgroße Kartoffeln der feinen Sorte Kipfler werden gekocht und noch warm in dünne Scheiben geschnitten. Eine feinwürfelig geschnittene rote Zwiebel dazugeben. Drei Esslöffel warme Rinderbouillon darübergießen. Nun mit Salz, Pfeffer aus der Mühle, feinstem Weinessig sowie Öl marinieren und mit Schnittlauch garnieren. Rote Zwiebeln sind milder als weiße, und bei der Kipfler, auch Bamberger oder Pfälzer Hörnchen genannt, handelt es sich um eine der besten Kartoffelsorten, gelbfleischig, fest und speckig, ähnlich der französischen La Ratte. Als Öl empfiehlt Witzigmann wahlweise Olivenöl oder das steirische Kürbiskernöl - Geschmackssache, das farblich dem Dieselöl gleichende Kürbiselixier ist optisch keine Zierde, doch geschmacklich dank seines dichten, nussigen Aromas eine besondere Wonne.

Ein ultimatives Rezept gibt es nicht, selbst wenn in jeder Region jeder Salatmixer von der Göttlichkeit seiner Version überzeugt ist. Auch fehlt dem Kartoffelsalat eine sozusagen symbolische Verankerung in christlichem oder sonstigem Brauchtum. Aber abgesehen davon, dass er schmeckt - immerhin ein Hauptargument für ein Gericht -, ist er universell einzusetzen, nämlich als Sologericht ebenso wie als Beilage. In Tschechien, neben Österreich, Bayern und Baden ebenfalls ein Hort des Erdäpfelsalats, ist er der Star speziell an der weihnachtlichen Festtafel und man isst ihn gerne zu Prager Schinken, was ihm zum Attribut "königlich" verhilft.

Die Geschichte des Kartoffelsalats ist so komplex, derart reich an Schattierungen, dass sie nur streiflichtartig auszuleuchten ist. Einer der ersten Hinweise auf das Gericht findet sich im Frauenzimmerlexikon von 1715, wo es ein wenig spröde heißt, dass man die Erdäpfel kochet und brühet und wie die Artischocken mit Baumöl (gemeint ist Olivenöl) und Essig kalt zubereitet. 100 Jahre später steht im Augsburgischen Kochbuch das moderne Rezept mit Zwiebeln, Essig, Öl, Salz und Pfeffer, erweitert um eine Anleitung, wie der Erdbirn-Salat zierlicher angelegt werden kann: mittels gehackten Eiern, Sardellen oder Hering, Roter Bete, Brunnenkresse, Petersilie, Kapern.

Geradezu lyrisch - und nicht für arme Leute - beschreibt Hans Balzli einen "Bunten Kartoffelsalat" in seiner vor 70 Jahren erschienenen "Gastrosophie": "Mache schöne Kartoffeln im Dampf gar, schäle sie und schneide sie in Scheiben. Ferner entkerne grüne Oliven, koche frische Eier hart und dünste grüne Bohnen hübsch weich. Schneide auch holländischen Käse (geschälten) in Würfelchen, der gelbschalige ist der beste. Schichte diese Zutaten abwechselnd zwischen je zwei Lagen Kartoffelscheiben in der Salatschüssel auf. Gieße 1 Flasche trockenen Champagner hinein und lasse das ganze 10 bis 12 Stunden lang ziehen. Bevor du den Salat reichst, schmücke ihn noch mit Kapern und Lattich- oder Endivienblättern aus, gieße ein kleines Glas Fine Champagne (d.i. Cognac aus erstklassigen Lagen) dazu und mache ihn mit einer Tunke aus Olivenöl, frischem Zitronensaft, Pfeffer, Salz und Senf an."

Ebenfalls bunt, doch weniger prätentiös ist das Rezept der Schweizerin Elfie Casty: "Aus 1 EL feinstem Weißweinessig, 2 EL feinstem Öl, 2 EL kräftiger Bouillon, Salz, frisch geriebenem weißem Pfeffer und einer Spur Curry eine Vinaigrette rühren. 250 g Frühkartoffeln in der Schale gar kochen, noch warm schälen, in kleine Würfel von etwa 1 cm schneiden und in der Vinaigrette marinieren lassen. 30 g grüne, blanchierte Gartenerbsen, ein hart gekochtes, fein gewürfeltes Ei, 1 feine geschnittene Frühlingszwiebel, 1 EL fein geschnittener Staudensellerie sowie eine kleine gewürfelte Tomate (ohne Haut, Saft und Kerne) sorgfältig unter die Kartoffeln mischen und zum Schluß behutsam 2 EL Crème fraîche unterziehen, mit knusprig gebratenen Speckwürfelchen und fein geschnittenem Schnittlauch bestreuen."

Wie auch immer man den Kartoffelsalat inszeniert, ob puristisch oder bunt, ob verschwenderisch oder karg, mit welchen Kräutern, Gewürzen und sonstigen Zutaten, ob mit Mayonnaise wie im Rheinland und in norddeutschen Regionen, ob mit Speck wie im Badischen oder lauwarm mit Rinderbrühe wie in alpenländischen Küchen: Der Erdäpfelsalat hat einen triumphalen Siegeszug durch private wie professionelle Küchen angetreten. Aus dem schlichten Landmädchen ist eine kulinarische Prinzessin geworden. Und die Frage nach dem besten Rezept lässt sich unschwer in etwa so beantworten: das eigene!

Kaviar: Im Zeitalter des Internets sind Märchen obsolet, aber wenn eine Geschichte märchenhaft klingt, darf sie auch so eingeleitet werden. Also: Es waren einmal russische Bauern, die haben Kaviar, vermengt mit gebratenem Kartoffelschmarren, vorbeugend gegen Schnupfen und für die Stärkung ihrer Manneskraft gegessen. Wenn der Gourmet heute das Perlmuttlöffelchen ins Zentrum der Kaviardose sticht und den graubraunen, hübsch ins Goldige changierenden Osietra zwischen Zunge und Gaumen zerdrückt, kostet ihn dieser Genuss um die 400 bis 600 Euro pro 100 Gramm. Der großkörnige und hübsch bernsteinfarben schimmernde "Imperial", früher "Schah-Kaviar" genannt, eine aufwendige Osietra-Auslese, ist besonders rar und kostet bis zu 10.000 Euro pro Kilo.
Der schon unmoralisch hohe Preis für diese Ikone des Luxus ergibt sich schlicht aus der Banalität der Zahl: Die Nachfrage ist größer als das Angebot. Zum einen wird der Lebensraum der Wildstöre durch Industrien zerstört, zum anderen hat die Überfischung - auch und nicht zuletzt durch Wilderer - die fossilen Tiere nahezu ausgerottet. Schließlich blüht speziell in den Ländern des ehemaligen Sowjetreichs nach wie vor der illegale, mafiös organisierte Handel; die Gewinnspannen sind ähnlich hoch wie bei Heroin.

Inzwischen werden die "Perlen der Lust" auch in Zuchtanlagen gewonnen, so in Aquitanien, Andalusien, Norditalien, in Mecklenburg und anderswo. Zuchtkaviar schmeckt milder als das Ei vom Wildstör und ist nicht ganz so komplex in der Aromatik wie beim Beluga oder Osietra, den beiden Spitzensorten aus dem Kaspischen Meer. Dafür sind die Preise auch deutlich freundlicher, mit rund 1.200 Euro pro Kilo um circa die Hälfte billiger als etwa ein normaler Sevruga als preisgünstigstes Wildstörprodukt. Weitaus zahmer sind die Preise für Eier anderer Fische wie Lachs, Forelle und Saibling, nur: Keines dieser Produkte erreicht auch nur annähernd die geschmackliche Finesse eines Kaviars vom wilden Stör.

Erstklassiger Kaviar hat diesen aus der Tiefe kommenden Schimmer, wie ihn auch schwere Naturseide aufweist. Die Körner dürfen weder klebrig noch zerplatzt oder gar matschig sein. Der Geruch ist schwer zu definieren. Er ist dicht und durchwoben mit einem nussigen Aroma, vor allem jedoch soll er Frische vermitteln und ganz einfach zum Löffeln animieren. Guter Kaviar schmeckt nicht tranig, weder säuerlich noch muffig oder bitter, sondern auf unbeschreibliche Weise kompakt und zugleich fein, pikant und geschmeidig.

Kaviar ist freilich nicht gleich Kaviar. Gewiss lässt man keinen mit einer Kilodose Beluga vor der Türe stehen, gerade dem rechten Quantum für vier aufrechte Feinschmecker, die allerdings nicht allergisch auf Eiweiß reagieren dürfen. Solche Freunde sind jederzeit höchst willkommen. Beluga-Kaviar mit seinem zartschaligen Korn von hellgrau bis anthrazit ergibt, flankiert von Pellkartoffeln, Schmant, Weißbrot und Champagner, ein privates kulinarisches Weltereignis. Aufwendige Garnituren sind bei Kaviar überflüssig, gekochte Eier unnötig, Zwiebeln brutal und selbst die mit Kaviar weltweit in einem Atemzug genannten Blinis kommen dem einmaligen Eigengeschmack des Kaviars zu nahe.

Beim Kaviar gilt sowieso wie beim Trüffel die trotzige Devise: Wenn schon, denn schon und pur und frisch soll er sein! Frische beim Kaviar heißt, dass er nicht pasteurisiert ist wie jener, der in Gläsern mit den bunten Deckelchen angeboten wird: gelb für Osietra (zu Deutsch: Waxdick), rot für Sevruga (zu Deutsch: Scherg), blau für Beluga (zu Deutsch: Hausen). Pasteurisierter Kaviar hält sich weit länger und die Körner wirken eins neben dem anderen wie perfekt gemalte Perlen. An der Optik gibt es nichts zu bemängeln, der Kauf ist risikolos und die

Portionen sind für kleine Schleckermäuler gerade recht, doch man hat ihm seinen ursprünglich wilden Gout genommen, ihn gezähmt. Er schmeckt seltsam steril, unaufregend. Die kurzzeitig erhitzten Eier werden trokken und hart, als hätte man sie gekocht.

Der wahre Liebhaber wird frischen Kaviar vorziehen. Gesund sind die Eierchen obendrein: Kaviar enthält die Vitamine A, B, D, hochwertiges Eiweiß, ferner Lecithin, Mineralsalze und weitere wertvolle Stoffe - bei einem Kaloriengehalt von ungefähr 2 700 pro Kilo. Dem Kaviar selbst ist es egal, ob er gesund ist, aufbauend, Energie mobilisierend, gar aphrodisierend. Letztgenanntes ist am wahrscheinlichsten beim Gedanken an den Preis. Über Kaviar gibt es derart viele Legenden, dass es mitunter schwerfällt, die Wahrheit zu finden. Eine der albernsten Geschichten ist die Mär von der kleinen goldenen Kugel, die der angebliche Mann von Welt immer mit sich führt, um sie prüfend auf den Kaviar zu legen. Sinkt das güldene Orakelchen ein, soll es sich um mindere Qualität handeln. Alles Nonsens, abgesehen davon, dass der wahre Weltmann schon mit freiem Auge sieht, was mit dem Kaviar los ist.

Knödel: Seine kulinarische Majestät, der Knödel, ist rund, wohlschmeckend und der originellste Beitrag zur Küche, also ein echtes Kulturgut. Eine Zeit lang hatte es freilich den Anschein, als leide der Knödel unter einem ähnlichen Imageproblem wie die Operette. Jeder hört diese gesungenen Sachertorten gerne, aber kaum einer mag sich dazu bekennen. Auch dem Knödel ermangelte es über viele Jahre hinweg an öffentlichem Zuspruch; speziell frankophile Restaurantkritiker ignorierten diesen Klassiker. Hinzu kam das Vorurteil, er sei schwer und mache dick. Doch auf einmal, gleichsam über Nacht, eroberte sich der Knödel die Speisekarten selbst der feinsten Restaurants.

Erstaunlich an der Geschichte ist, dass sich der Aufstieg des Knödels vom Trauerkloß zum Wonneproppen des 21. Jahrhunderts sachlich nicht exakt begründen lässt. Ein auslösendes Moment war gewiss der Trend zu Omas Küche, genauer: die zeitgemäße Reform der klassischen gutbürgerlichen Rezepturen. Allerdings reichen weder Ökonomie noch kulinarischer Regionalismus für sich allein aus, um die triumphale und vor allem urplötzliche Wiederkehr des Knödels zu belegen. Sogenannte Füllgerichte gibt es zuhauf auch in anderer Form, und es war Alfons Schuhbeck, der bereits Mitte der 80er den Brezenknödel aus dem Topf holte - eine allseits bestaunte Kreation, doch offenbar nicht animierend genug, um damals schon den Knödel außerhalb der Wirtshausküche salonfähig zu machen. Letztlich wird wohl die normative Kraft des Echten der entscheidende Impuls gewesen sein.

Jedenfalls begegnen wir heute dem Semmelknödel, dem Serviettenknödel, dem Kartoffelknödel, dem Griesknödel, dem Germknödel, dem Fleischknödel, dem Leberknödel, dem Topfenknödel und anderen Knödelgenossen. Das sind alles Klassiker, ehrenwert und ausgereift. Die kann man nicht mehr verbessern, allenfalls verändern, was spielfreudige Köche auch tun. So gibt es beispielsweise Gemüseknödel (in feiner Rindsuppe mit Sherry), Entenknödel (mit Morcheln), Hummerknödel (in Safransauce). Auffallend an diesen modernen Designer-Knödeln ist, dass ihre Größe sich umgekehrt proportional zum Ansehen des Lokals verhält. Bündiger gesagt: Je feiner das Haus, desto kleiner die Knödel. Auf der Karte stehen sie niedlich als Klößchen oder Knöderl.

Historisch gesehen ist der Knödel eine eher unbekannte Größe. Niemand weiß genau, wann und wo von wem der erste Knödel geformt worden ist. Die älteste bildliche Darstellung eines Knödels befindet sich in der Burgkapelle von Hocheppan nahe Bozen. Das Fresko aus dem 12. Jahrhundert zeigt neben dem Wochenbett Marias eine Wehmutter, die in der einen Hand ein Kochgeschirr mit fünf kugelrunden Knödeln hält und mit der anderen einen Knödel zum Mund führt. Mit Sicherheit ist anzunehmen, dass es weit früher knödelähnliche Speisen gegeben hat. Die runde, mit Händen leicht formbare Gestalt lud geradezu zwingend zur Erfindung der Teigkugel ein.

Ein Knödel ist gewiss nur ein Knödel, was die Form betrifft. Der Inhalt jedoch ist variantenreich wie kaum eine andere Speise. Die Wiener bereiten die nach ihrer Stadt benannten Semmelknödel mit Semmeln, Butter, Eier, Milch, Zwiebeln, Petersilie und Salz zu, während andernorts zusätzlich oder anstelle der Butter auch durchwachsener Speck beigemengt wird. Die Frage, ob es auch Schnittlauch sein darf, ferner ein Stäubchen Muskat, wird leidenschaftlich diskutiert. Tiroler Knödel werden laut der alten Frau Sacher auf der Basis von Semmelknödeln gemacht, mit Fett statt Butter geschmiert und mit

Selchfleisch gefüllt. Daneben gibt es Bauernrezepte, die ausdrücklich Speck vorsehen. Spezialitäten sind Leber-, Pilz- und Fischknödel. Der Palffy-Knödel wiederum wird, angereichert mit Speck, als Riesenknödel in der selbstverständlich bebutterten Serviette gekocht.
Der Phantasie sind beim Knödelmachen als kaum Grenzen gesetzt. Andererseits sollte man nicht zu kühn experimentieren. Ein Klassiker wie der Wiener Semmelknödel ist vollendet komponiert und bedarf keiner neuen Töne. Er schmeckt frisch vom Herd zu gekochtem Rindfleisch ebenso gut wie zu Geselchtem oder einem großen Braten. Und wenn ein Knödel übrig bleibt, freue man sich auf den nächsten Tag: Kalte Semmelknödel, dünnblätterig geschnitten und in der schweren Eisenpfanne in heißer Butter knusprig geröstet, sind, gewürzt mit Salz sowie Schnittlauch und eventuell übergossen mit verquirltem Ei, eine köstliche Vulgarität, basierend auf dem Motto von Tante Therese: "Jeder Knödel ist rund, aber nicht alles Runde ist ein Knödel."

⊢----- ***Kochbücher:*** Für die einen ist es lediglich Altpapier. "Staubfänger", näseln sie verächtlich. Andere, denen die Unschuld des Staunens noch ebenso gegeben ist wie das Talent, sich mittels der Phantasie vergangene Welten zu erschließen, bekommen beim Anblick alter Bücher glänzende Augen. Besonders begehrlich strahlen sie über gastronomische Literatur, denn Rezepte sowie Beschreibungen von Essszenen leiten nicht nur zu den Quellen der Kochkunst; sie vermitteln auch ein Stück Ess- und Trinkkultur, was umso bedeutsamer ist, weil das Essen wie die Erotik als "niedrige Gegenstände" in der altvorderen Literatur lange Zeit von kirchlicher Seite tabuisiert war.

Immerhin ist die Kochkunst der italienischen Renaissance, die richtungweisend für ganz Europa war, im Vatikan entwickelt worden, wo Ärzte, Köche und sogar Bibliothekare um das Essen für den Papst besorgt waren. Das berühmteste römische Kochbuch, entstanden um das Jahr 30 nach Christus als handschriftliche Sammlung von Rezepten, nicht geschrieben, sondern vermutlich nur herausgegeben vom vermögenden Apicius, unter dessen Namen es firmiert, ist in Klöstern aufbewahrt, dort oft kopiert und aus der Antike in die Neuzeit hinübergerettet worden. Einfluss auf die neuzeitliche Küche haben die Rezepte offenbar nicht gehabt.
Der Apicius zirkulierte noch im Manuskript, als in Italien -

dank der Erfindung von Gutenberg - das erste Kochbuch im Jahre 1475 gedruckt wurde: "De honesta voluptate" hieß es, verfasst von Bartolomeo Sacchi, genannt Platina nach seinem zwischen Cremona und Mantua gelegenen Heimatdorf. Das Buch wurde europaweit ein Bestseller, 1542 erschien in Augsburg die deutsche Übersetzung unter dem heute köstlich anmutenden Titel "Von der eerlichen, zimlichen, auch erlaubten Wolust des Leibs". Augsburg zählte damals zu den bedeutendsten Druckorten, und im 16. Jahrhundert sind in Deutschland die meisten Kochbücher gedruckt worden; allein die "Kuchenmeysterey", erstmals gedruckt 1485, brachte es bis 1.500 auf 13 Auflagen.
Dass von diesem Klassiker gerade ein Dutzend Exemplare bis heute übrig geblieben ist - und keines vollständig -, erklärt sich schlicht daraus, dass Kochbücher neben dem Salzfass standen und entsprechend strapaziert wurden, mit der Folge, dass solche Raritäten entweder nur in Museen stehen oder zu Mondpreisen versteigert werden. Explosionsartig gestiegen sind die Preise für alte Kochbücher, seit das Essen und Trinken in Deutschland auch ein fashionables Salonthema geworden ist. Es wurde ritzy, Kochbücher zu sammeln. Das 1581 erschie-

nene "Ein new Kochbuch" von Marx Rumpoldt wird auf rund 20 000 Euro geschätzt. Das "Neue Saltzburgische Koch-Buch", 1719 von Hagger erschienen, dürfte 5 000 Euro kosten, Câremes "L'art de la Cuisine Française" ist nicht unter 3.000 Euro zu bekommen.

Die Rezepte der frühen Manuskripte und Druckwerke standen übrigens stark unter dem Aspekt der Medizin. Die älteste deutsche Pergament-Rezepthandschrift ist nur ein 24 Blatt umfassender, mehr gemalter als geschriebener Anhang eines Tierarzneibuches, betitelt "Das Buch von guter Spise". Philippine Welser war die erste Frau, die, gebildet, weltoffen und in Schloss Ambras bei Innsbruck lebend, Rezepte in Handschrift veröffentlichte. Bis ins 18. Jahrhundert repräsentierten die Kochbücher weniger die nationale Kochkunst als die Küche der Zeit, weshalb die häufigsten Titel denn auch lauten: "Ein neues Kochbuch", "Allerneuestes Kochbuch", "Le Nouveau Cuisinier", "La Nouvelle Cuisine".

In den alten Kochbüchern, die fast ausschließlich für Köche des Adels bestimmt waren, fehlen naturgemäß so simple Produkte wie Kohl. Das arme Volk ernährte sich von Krautgerichten, Eintöpfen, Roggenbrei und dergleichen kulinarischen Banalitäten, der Adel, die Klosterherren und das wohlhabende Bürgertum delektierte sich an - für die damalige Zeit - raffiniert zubereiteten Fischgerichten, an großen Braten, Pasteten und Suppen, übrigens einer deutschen Erfindung. Zahlreich sind die Rezepte für Süßspeisen, für Singvögel sowie Innereien vom gebratenen Herzen bis zur gefüllten Milz.

Üblich war die Befehlsform. "Rupfets, schneidets, wuerzets, bratets und machtet eine Brueh darueber nach belieben", heißt es etwa zu einem Huhn, das wie ein Rebhuhn zu braten sei. Den Kasernenton nahm niemand übel, denn im Spätmittelalter zu Beginn der Neuzeit war die Gesellschaft streng hierarchisch gegliedert und jedem klar, wer oben stand und wer unten. Ein Koch war wohl keiner ziselierten Anrede würdig, also lautete die Schlussfloskel vieler Gerichte: "versaltz nicht, gibz hin." Erst im 19. Jahrhundert setzt sich das harmlose "Man nehme" durch.

Für talentierte Köche sind die alten Rezeptsammlungen wie eine Schatzkammer, in der sie wühlen können. Und sie tun es, Eckart Witzigmann wie Heinz Winkler, Dieter

Müller und Paul Bocuse, der nie ein Hehl daraus gemacht hat, viele seiner Ideen der Rezeptsammlung seiner Großmutter zu verdanken. So mancher Koch hat sich für eine Speisenkombination feiern lassen, die er einem antiquarischen Wälzer entnahm, was er aber nach dem klassischen Prinzip der geübten Plagiatoren, Gutes zu erkennen und die Quelle gleich zu vergessen, verheimlichte.

Kochkunst: In der Küche gibt es keine letzte Wahrheit und hat es noch nie einen Messias gegeben, der von dort im göttlichen Auftrag mit ewigen Rezepturen erschienen wäre. Die Küche ist, wie Musik, bildende Kunst, Literatur und Theater, zwischen Tradition und Moderne, zwischen Altbewährtem und Experimentellem, auch zwischen Sein und Schein, einem steten Wandel unterworfen, bei dem sich Perioden der müden Beharrung mit solchen des belebenden Fortschritts abwechseln.

Was wir heute unter großer Küche (Grande Cuisine oder Haute Cuisine) verstehen, hatte seinen Ursprung in Frankreich: So schundromanhaft die Französische Revolution phasenweise auch ablief, für die Kochkunst war die Wende vom 18. ins 19. Jahrhundert der Beginn einer neuen Epoche. Nie wieder hat es seither einen vergleichbar radikalen Umbruch in der Esskultur gegeben; selbst die Nouvelle Cuisine, die den Deutschen vor 30 Jahren eine neue Küche bescherte, war dagegen nur ein Reförmchen. Die neue große Küche, die auch international ausstrahlte und schon beim Wiener Kongress eine ähnlich wichtige Rolle spielte wie das Tanzen, entstand in den Restaurants. Bis etwa 1760 verstand man unter "Restaurant" lediglich eine Stärkung in Form von konzentrierten Fleischbrühen.

Restaurants im heutigen Sinne gab es nicht, nur Schänken, Fleischer, Pastetenbäcker, Gasthäuser und - seit Ende des 17. Jahrhunderts - Kaffeewirte, deren Aufgaben zunftmäßig streng reglementiert waren. Ein Bratkoch durfte kein Ragout machen, was wiederum nur den sogenannten Stadtköchen erlaubt war, und die Wirtshäuser mussten sich das Essen von Garköchen, Fleischern und Pastetenbäckern holen.

Erst als im Verlauf der Revolution die Nationalversammlung die Innung abschaffte und den Zünften die Privilegien kassierte, schlug die Geburtsstunde der Gastronomie im modernen Sinn. Köche, deren adelige Herrschaften vor den Jakobinern flüchteten oder von ihnen exekutiert wurden, hatten in den Restaurants, die von nun an nach Belieben von der Suppe über den Braten bis hin zum Dessert alles im eigenen Haus kochen und anbieten konnten, ein ideales Arbeitsfeld. Auf der Speisekarte standen mindestens ein Dutzend Suppen, 24 Vorspeisen, an die 20 Rindfleischgerichte, 20 Speisen vom Lamm, 30 Geflügel- und Wildgerichte, 20 Zubereitungen von Kalbfleisch (das damals noch was taugte), 12 verschiedene Pasteten, 15 große Braten nebst jeweils 50 Zwischengerichten und Desserts.

Köche: Ob man die Gastronomie nun dem Unterhaltungsfach zuordnet oder den schönen Künsten gleichsetzt: Köche, zumal die von Restaurantführern hochdekorierten, sind Stars der Gesellschaft geworden. Die einen verdienen das auf sie gerichtete Licht. Sie sind Künstler, wahre Dirigenten übers Orchester der Aromatik. Diese Helden der Gourmandise, die eher eines Verdienstordens würdig wären als das Gros der Beamten, die jährlich ausgezeichnet werden, beweisen täglich aufs Neue, dass gute Küche ein geschmackvolles Stück

Erotik ist. Diese Spitzenköche sind nicht nur unsere Ernährer, wie Gustav Heinemann als Bundespräsident einmal schelmisch meinte. Dank ihrer Kunst verschönern sie denen, für die das Essen mehr als nur eine schikanöse Einrichtung der Natur zum Erhalt des Lebens ist, das Dasein. Ihnen gilt uneingeschränkt der große Applaus, verbunden mit der Hoffnung, dass sie nicht müde werden, auch künftig jeden Tag 1000 neue Saucen erblühen zu lassen.

Kulinarische Mogelpackungen: Auf deutschen Speisekarten tummeln sie sich häufiger als in der Natur: Wildlachse, Rebhühner, bretonische Hummer, Pré-salé-Lämmer, Bresse-Hühner - alles kulinarische Klassiker, rar und teuer. Das große Mysterium dabei ist, dass es von diesen Spitzenprodukten längst nicht so viel gibt, wie in der Gastronomie angeboten wird. Frischen Wildlachs kann es beispielsweise nur von Mai bis August geben. Er ist fettärmer als der Zuchtlachs, kräftiger im Aroma und unter anderem erkennbar an den stark ausgeprägten Flossen.
Vom Pré-salé-Lamm mit seinem wildwürzigen Fleisch, so genannt, weil es auf den von Meeressalz parfümierten Wiesen im nordwestlichen Frankreich weidet, wird nur

ganz wenig exportiert - und doch findet man Lamm unter diesem Namen auf vielen Karten, speziell in der Spitzengastronomie. Gleiches gilt für das Sisteron-Lamm aus der Provence, das durch die vielen Kräuter sein spezielles Aroma bekommt. Und beileibe nicht jedes als Bresse-Poularde annoncierte Huhn stammt auch wirklich aus der Bresse. Vollends zum Skandal wird die Mogelpackung, wenn eine Ente verheißungsvoll als "Bayerische Bauernflugente" offeriert wird, doch das Tier tatsächlich in einer fabrikmäßig geführten Entenzucht aufgezogen wurde, also weder vom Bauern kommt noch je einen Meter geflogen ist.

Dagegen klingt es wie ein Kavaliersdelikt, wenn dem Gast eine "original spanische Paella" angeboten wird, die mit dem Original nur den Namen gemein hat. Eine authentische Paella wird nämlich mittels echtem Safran zubereitet, was dem Gericht zum einen die appetitlich rötlich-orangene Farbe verleiht, zudem auch das besondere zartwürzige Aroma. Nur: Safran ist teuer, weshalb die Paella nördlich des Alpenhauptkamms in der Regel mit billigem Farbstoff aufgepeppt - und somit auch verfälscht wird.

Rebhühner sowie Fasane stammen heute überwiegend aus Zuchtbetrieben, dennoch werden sie oft als Wildgeflügel offeriert. Bretonische Hummer sind so selten, dass man sie beim Vornamen kennt. Ehrlicher wäre es, sie als europäischen Hummer anzubieten. Zwar ist guten Glaubens anzunehmen, dass nicht jeder Koch oder Feinkosthändler seine Gäste bewusst täuscht, so nach dem Motto "Die werden's schon nicht merken." Einige sind wohl, weil sie den Unterschied zwischen Original und Fälschung nicht zu erkennen vermögen (so mancher Lachs ist in Wahrheit eine Meerforelle), selber Opfer ihrer Lieferanten. Ärgerlich ist freilich, dass der Gast für die Fälschung den gleich hohen Preis zahlen muss wie fürs Original.

|----- ***Laurentius:*** Der Mann dieses Namens gilt seit dem Mittelalter als Schutzpatron der Spießbrater, der Rotisseure. Das ergab sich laut einer Legende auf makabre Weise. Der damalige Diakon in Rom ist am 10. August 258 den Märtyrertod gestorben, festgebunden auf einem glühenden Rost und grauenvoll verbrannt. Zu seinen Henkern soll er gesagt haben: "Der Braten ist auf der einen Seite fertig, wendet ihn um, und kommt dann zum Essen."

|----- ***Leipziger Allerlei:*** Die Krönung jedes Gerichts mit Erbsen ist das "Leipziger Allerlei". Dabei darf man freilich nicht an Konserven mit deren Einheitsbrei

denken, sondern an das raffinierte Gericht aus frischen Erbsen, Möhren, Spargel, Morcheln und Flusskrebsen. Im großen "Handbuch der guten Küche" (Verlag Zabert Sandmann) wird dieser edle Klassiker, berechnet für vier Personen, so beschrieben:

Zehn Gramm Morcheln (getrocknet) gut säubern, 20 Minuten in lauwarmem Wasser einweichen. Ein Kilo Erbsen (circa 350 Gramm netto) auspalen, 250 Gramm Möhren in kleine Stücke schneiden. 50 Gramm Krebsbutter in einem breiten Topf zerlaufen lassen. Spargel, Erbsen und Möhren darin andünsten, mit Salz und etwas Zucker würzen. Morcheln aus dem Wasser nehmen, ausdrücken, zum Gemüse geben - ebenso das durch ein Sieb gefilterte Morchelwasser. Nun 200 Gramm Crème fraîche über das Gemüse verteilen, den Topf zudecken und das Gemüse bei milder Hitze zehn Minuten garen. Inzwischen zwölf Flusskrebse nach und nach kopfüber in sprudelnd kochendes Salzwasser geben, den Topf vom Herd nehmen, die Krebse zugedeckt knapp fünf Minuten lang ziehen lassen, herausnehmen, abtropfen. Die Krebs-

schwänze aus den Schalen brechen, in 20 Gramm Krebsbutter kurz andünsten, unter das Gemüse mischen und servieren. Die Krebse geben der Speise eine besonders delikate und zugleich noble Note, doch bereitet das "Leipziger Allerlei" auch ohne sie großes Essvergnügen.

⊦----- ***Liebesmahl:*** Ob es Produkte mit aphrodisierender Wirkung gibt, ist eine Glaubensfrage. Wissenschaftlich gibt es keinen Beweis für liebesfördernden Effekt, aber der praktizierende Casanova weiß, was animiert und spielt schon beim ersten Rendezvous die kulinarische Karte aufs Raffinierteste aus. In der Liebe sind wie im Krieg schließlich alle Mittel erlaubt - vorausgesetzt, es handelt sich um elegante Schachzüge, nicht um obskure Tricks. Subtil soll das Essen sein, niemals schwer. Von dicken Suppen und kapitalen Fleischgängen ist abzuraten. Zwei, drei leichte Vorspeisen sind der ideale Eröffnungszug, um die Sinne ins heitere Schwingen zu bringen. Austern sind nie verkehrt. Auch Kaviar, pur mit etwas saurer Sahne zu einer frisch gekochten Pellkartoffel serviert, fördert den Gang der Dinge.

Zu entzücken vermag ein schaumig geschlagenes

Omelette, als persönliches "Suprise" vielleicht über ein nur sekundenlang in Butter angedünstetes Lachsfilet geschlagen und flankiert von einigen Löffelchen rosarotem Lachskaviar. Wonnen vermittelt ein Selleriesalat, eventuell angereichert mit ein paar Scheiben von der schwarzen Trüffel. Ein Rührei, hübsch serviert in der ausgehöhlten Eischale, wäre ein ebenso schickes Entree wie eine Krabbentorte, eine klare Ginsengsuppe mit Chrysanthemen oder Erbsen, die nur sanft in Butter geschwenkt worden sind. Ein Gang muss unbedingt dabei sein, den man mit den Fingern ißt: Krebse, Spargel, Austern, Artischocken mit Vinaigrette.
Und dann die Getränke! Rotwein ist problematisch, er führt zur Melancholie und die hat beim erotischen Geplänkel nichts verloren. Schnapsiges ist ebenso wenig zu empfehlen. Gegen einen gepflegten Dry Martini gibt es selbstverständlich keinerlei Einwände, auch nicht gegen einen Cocktail aus Gin, einem Spritzer Angostura, zwei Spritzern Crème de Menthe und dem Saft einer halben Zitrone - von Harry Craddock, dem Erfinder, poetisch "Fallender Engel" genannt. Doch ansonsten sind harte Drinks so unerotisch wie Bier. Verführerische Hilfe leisten finessige Weißweine, edelsüße Auslesen und vor allem Champagner.

Der Höhepunkt jedes Flirtessens ist das Dessert. Kleopatra war sich dessen bewusst, auch Casanova. Süßes hat eine stimulierende Wirkung. Es schmeichelt dem Gaumen und beflügelt die Sinne. Zucker entwickelt im Körper ein Hormon, das die Stimmung hebt. Dabei versteht es sich von selbst, dass nicht schweren Torten, sondern der leichten Patisserie der Vorzug zu geben ist. Solchen Näschereien kann niemand widerstehen. Sie sind diskrete Diener der Venus.

M

⊢----- ***Maibowle:*** Die Maibowle ist eine klare Sache. Zucker hat nichts in ihr verloren und auch die Zugabe von Cognac, wie in manchen Rezepturen empfohlen, ist heikle Geschmackssache. Das gibt der Bowle einen strengen alkoholischen Ton - als würde man eine Sprinterin mit schweren Bergschuhen auf die Rennstrecke schicken. Was den Reiz der Maibowle ausmacht, ist die Aromatisierung des Weins durch die leicht süßliche Würze des Waldmeisters, von dem der Mediziner Jacobi Th. Tabernaementani 1664 in seinem Kräuterbuch schwärmte: "Im Mayen, wenn das Kräutleyn noch frisch ist und blühet, pflegen es viele Leute in den Wein zu legen und darüber zu trincken; soll auch das Herz stärken und erfreuen."

Die Zubereitung ist unkompliziert, aber eine Charaktersache. Empfehlenswert sind herbe, temperamentvolle Rieslinge von Mosel, Saar und Ruwer. Das sind die Fred Astaires unter den Weißweinen, spritzig und von schwereloser Eleganz. Will man die Bowle von Haus aus etwas kräftiger anlegen, sind Rieslinge aus der Wachau, vom Rheingau, aus der Pfalz, der Nahe oder dem Elsass passend. Auch ein herber Muskateller oder geschmeidiger Weißburgunder eignet sich als Grundwein, doch der Königswein in dieser Bowlendisziplin ist der Riesling.

Wie lange man den grünen Waldmeister, der übrigens noch nicht geblüht haben soll, im Wein ziehen lässt, hängt vom persönlichen Geschmack ab. Zehn bis 20 Minuten reichen in der Regel. Frisch gepflücktes Kraut - die Wälder sind im Frühling voll davon - gibt übrigens weniger Parfum ab als dezent angewelktes. Zu beachten ist, dass die unteren Teile der Stiele möglichst nicht mit dem Wein in Berührung kommen. Um das zu vermeiden, wird der Waldmeister gebündelt und mittels eines Bindfadens mit den Köpfchen nach unten in die Bowlenkaraffe gehängt. Schlägt das Aroma geschmacklich zu stark durch, gießt man einfach etwas vom neutralen Wein nach.

Das Geheimnis des Waldmeisters liegt übrigens in dem Wirkstoff namens Asperulosid-Cumarin. Der hat schizophrene Eigenschaften. Einerseits vermag er Erregungszustände im Organismus zu dämpfen bis hin zur Förderung des Schlafs, andererseits belebt Cumarin den Kreislauf wie ein Stimulans. Auf die Dosis kommt es an, doch keine Sorge: Von einem Büschel Waldmeister gehen keinerlei Gefahren aus. Die Maibowle umgibt ein bestrickend altmodischer Charme und gleichzeitig die ewige Jugend des Frühlings.

⊦----- ***Marmelade***: Diese möglichst handgerührte Köstlichkeit glänzt wie Sonnenstrahlen auf dem Tisch, eingefangen in Früchten, wobei es dem Connaisseur egal ist, ob das, was er verheißungsvoll löffelt, nach EG-Norm nun Marmelade ist (exklusiv für Zitrusfrüchte reserviert), Konfitüre oder Konfitüre extra (mindestens 45 Gramm Fruchtfleisch auf 100 Gramm Gesamtprodukt). In der Praxis schert sich kein Mensch um solche titelige Detailhuberei. Da kommt es allein auf die Qualität der eingekochten Früchte an, und die beginnt bei der Ernte. Je reifer und vor allem gesünder die Früchte sind, desto besser wird das Ergebnis sein. Kriterien für Güte sind naturge-

mäß die Beschaffenheit der Fruchtsorte, deren regionale Herkunft, die Behutsamkeit beim Einkochen und die Art der Zutaten von der Menge des Zuckers über allfällige Geliermittel bis hin zu flankierenden Anreicherungen mit Gewürzen, Kräutern und Alkohol.
Historisch lassen sich Marmeladen, zumindest Vergleichbares, bis ins Altertum zurückverfolgen. Damals hat man Quitten (auf Portugiesisch "marmelo") wegen deren spezieller Gelierfähigkeit mit Honig verkocht und auf diese Weise haltbar gemacht. Die ersten schriftlichen Aufzeichnungen zum Thema stammen aus Venedig, wo 1541 ein Buch über die Herstellung von Gelees und Konfitüren erschienen ist. Konfitüre leitet sich übrigens vom französischen "confire" ab, das für das Einmachen und Einlegen von Früchten wie auch Produkten allgemeiner Art, wie zum Beispiel dem berühmten Entenconfit, steht. Wenig später, nämlich 1555, veröffentlichte der französische Arzt und Astrologe Nostradamus ein Werk, das sich neben der Produktion auch mit dem gesundheitlichen Wert von Konfitüren befasst.

Wer damals Marmelade naschte, musste freilich wohlhabend sein, denn Zucker war bis ins frühe 19. Jahrhundert als

Import teuer und somit vermögenden Schichten vorbehaltener Luxus. Das gewöhnliche Volk konnte sich solche Näschereien nicht leisten und war auf Honig zum Süßen und zur Konservierung angewiesen. Oder die Früchte wurden, wie im 1827 erschienenen "Großen Wiener Kochbuch" von Anna Dorn nachzulesen, mit Gewürzen und Aroman à la Ingwer und Nelke so lange eingeköchelt, bis jeglicher primärer Fruchtgeschmack verloren, doch der dunkel und zäh gewordene Brei endlich haltbar war. Erst mit der Entdeckung und Gewinnung des Zuckers aus der europäischen Rübe wurde die Marmelade quasi demokratisiert.

Heute ist die marmeladige Bandbreite international unübersehbar, gibt es neben den großen Klassikern zahlreiche exotische Varianten und zunehmend Kombinationen aus mehreren Früchten. En vogue sind sogenannte Gourmet-Marmeladen, worunter zum einen kühne Mixturen, vor allem jedoch Konfitüren mit geringem Zucker- und sehr hohem Fruchtanteil von mindestens 70 Gramm zu verstehen sind. Solche Premium-Marmeladen bereichern den Frühstückstisch und füllen den Energiespeicher des Körpers, der ja über Nacht geleert worden ist, aufs Leckerste wieder auf.

Von untergeordneter Bedeutung ist, wie man diese fruchtigen Extrakte genießt. Grob gerastert gibt es zwei Typen von Marmeladenfans. Die einen streichen Konfitüren und Gelees grundsätzlich mit sanfter Hand auf das gebutterte Brot, Brötchen & Co, wohingegen der andere Charakter die dichtfruchtige Erdbeere, die schmeichlerische Aprikose, die zartherbe Johannisbeere, die edelbittere Quitte oder die finessige Blutorange nonchalant und ohne Umwege direkt in den Mund löffelt. Süßes lässt nun mal Saures vergessen!

|----- ***Martini Dry:*** Wie alles wahrhaft Große im Leben ist der Dry Martini einfach zu verstehen. Er ist die Abstraktion eines Cocktails, was sich philosophisch ungefähr so deuten lässt: Alles Zufällige bleibt zugunsten des Wesentlichen draußen. Wesentlich sind: Gin, Vermouth, Eis, Olive. Die einzige Freiheit, die man sich nehmen darf, betrifft das Mischungsverhältnis zwischen Gin und Vermouth, wobei die Individualität freilich nicht übertrieben werden soll. Tollerei hat beim Dry Martini nichts verloren, wo käme man da hin!
In seiner klaren Rezeptur, die an Schlichtheit nicht einmal von der Bergpredigt übertroffen wird, liegt die Wahrheit

des Dry Martini und zugleich sein Schicksal, weil jeder dahergelaufene Hobbymixer meint, ihn verfeinern zu müssen. Am schlimmsten sind die halb talentierten Barkeeper, die dir mit aufgesetzt coolem Gehabe, als hätten sie schon Humphrey Bogart in "Casablanca" bedient, einen Martini servieren, der nicht einmal witzig genug für eine Parodie ist.

Die Misere beginnt in neun von zehn Fällen damit, dass nur eine Sorte Gin im Hause ist, nämlich die falsche. Der Kenner hat nichts dagegen, wenn der Koch mit "Gordon's" oder Konsorten die Erdäpfelsuppe flambiert, aber in einem echten Martini möchte er einen "Tanqueray" haben oder den "Sapphire" von "Bombay". Dessen Basis ist ein neutraler Kornbrand, also wirklich nichts Besonderes, aber in der Aromatisierung mit Wacholderbeeren, Koriander, Angelika, Anis, Mandeln, Süßholz, Limonenschalen und vielleicht noch einigen aparten Kräutern extra liegt das Geheimnis seiner distinguierten, Leib und Seele wärmenden Geschmeidigkeit.

Fehler Nummer zwei ist das durch den Titel ausgelöste Missverständnis, ein Dry Martini müsse mit dem italienischen Wermut gleichen Namens zubereitet werden. Das ist ein Irrtum, dem bedauerlicherweise viele erliegen. Der reinen Lehre nach wird der französische Vermouth namens "Noilly Prat" genommen, extra dry auch der, versteht sich.

Genauso selbstverständlich sollte sein, dass die grüne Olive keinesfalls in Öl, sondern in Salzlake mariniert wurde, und zwar mitsamt dem Kern, also nicht mit diesem grässlichen roten Paprika gefüllt ist. Es gibt Trinker, die sind der festen Meinung, dass die Oliven in ihren Dry Martinis reichen, um den Vitaminbedarf eines erwachsenen Mannes zu decken. Wenn man seinen pädagogischen Tag hat und Freunden predigt, das Eis für den Dry Martini müsse sehr trocken, sehr kalt und sehr hart sein, halten die einen für sophisticated. Huhu, kichern sie, Eis sei doch immer kalt, hart und trocken. Eben nicht, normales Haushaltseis taut nämlich schnell auf und macht den Dry Martini unnütz feucht. Bei hohen Minusgraden gelagertes Eis kühlt den Martini, ohne ihn zu wässern. Und ein Dry Martini sollte sich im Glas schon ein bisschen vor Kälte zusammenziehen.

Leidenschaftlichen Disput löst natürlich die Frage aus, in welchem Verhältnis Gin und Vermouth gemischt werden

sollen. Dahinter stehen Schulen. Harry Craddock, der legendäre Barmann im Londoner "Savoy" der 30er-Jahre, nahm schlicht ein Drittel Vermouth und zwei Drittel Gin, fertig. Diese Melange ist recht mild, sie passt für Grünspechte und Tante Käthe. Um die Jahrhundertwende, als der Dry Martini erfunden wurde - angeblich von einem Mexikaner namens Martinez, andere sagen: von einem Italiener namens Martini -, mischte man sogar im Verhältnis eins zu eins.
Die Welt ist geschmacklich trockener geworden und der Gin dominanter. Sehr trocken, unübertrefflich dry hat Ian Fleming seinen James Bond die Martinis anlegen lassen: "Komm dem Vermoth nicht in die Nähe", sagte er zum Mann im Dinnerjackett. Dagegen ist nichts zu sagen, nur: Ein Gin ohne Vermouth ist kein Dry Martini, sondern eben ein Dry Gin.

Ernest Hemingway, der im Kulturfach Drinks als kompetent gelten kann, schätzte eine immer noch reichlich trockene Mischung aus 15 Teilen Gin und einem Teil Vermouth. Diese Version nannte er, wie der Keeper in "Harry's New York Bar" in Venedig gerne erzählt, einen "Montgomery". Damit wollte Hemingway die arroganten Engländer verspotten, weil er zur Erklärung anfügte, der britische Oberbefehlshaber habe sich Rommel nur zum Kampf gestellt, wenn er wenigstens über die 15-fache Überlegenheit verfügte. Das ist zwar eine stramme, ziemlich ginpure Variante, aber sie löst Verhärtungen des Magens wie jene des Geistes im Nu und lässt Gedanken von wohliger Wärme über uns kommen, wie wir sie sonst nur haben, wenn uns jemand den Nacken krault.

Matjes: Die Frage, was echter Matjes ist, lässt sich am besten negativ beantworten: Matjes ist kein milder Vollhering, kein Salzhering, auch kein "Hering nach Matjesart" und ebenso wenig ein Jungfisch im Sinne von ewiger keuscher Jungfräulichkeit. Unter Matjes versteht man wohl einen jungen Hering, der vor Beginn seiner Geschlechtsreife beziehungsweise sexuellen Aktivität gefischt und einem Reifeprozess unterworfen worden ist. Den Winter über hat der Fisch mangels Futter gefastet. Er magerte ab. Im Laufe des Frühjahrs und der steigenden Wassertemperaturen wurde das Meer wieder grün von Plankton; die Winterheringe fühlten sich wie auf einer Weide und fraßen sich satt, was den Fettgehalt von circa 4 auf etwa 15 bis 20 Prozent anschwellen ließ. In diesem Sinne ist Matjes - abgeleitet vom holländischen Meisje,

was so viel wie junges Mädchen bedeutet - also "jungfräulich", was heißt, dass sich bei den weiblichen Tieren noch kein Rogen (Eier) und in den männlichen keine Milch (Samen) entwickelt hat.
Der Kenner und Liebhaber weiß noch vor dem ersten Biss in den Matjes, was ihn idealerweise erwartet: Genuss der milden, cremigen Art. Ein bisschen salzig soll "der Neue" sein und leicht jodig, auch etwas butterig, doch niemals "fischig", gar schmierig oder tranig. Die Haut muss silbrig schimmern, das weiche, biegsame Fleisch ist marzipanfarben mit einem Stich ins Rosa. Die moderne Gefriertechnik hat es zwar möglich gemacht, dass Matjes ganzjährig angeboten wird, aber geschmacklich geht nichts über den ersten Frühsommermatjes - auch wenn der aus hygienischen Gründen, um etwaige Bakterien zu töten, noch auf See schockgefroren wird. Das erste Fass geht übrigens traditionell ans niederländische Königshaus. Die Hauptsaison für diesen neuen Matjes währt von Ende Mai bis Ende Juli.

Fans schwören selbstverständlich auf handverarbeiteten Matjes, der als sogenanntes Doppelfilet verkauft wird. Die beiden Hälften hängen noch am Schwanz zusammen, an den Rändern sind sie leicht ausgefranst. Er hat weder Gräten noch Schuppen, ist nicht in Öl eingelegt, denn fett ist er selber, aber das ist gutes, gesundes Fett. Die Konsistenz muss weich sein (magerer Matjes ist schnittfest wie Käse). Weil er nur mäßig gesalzen wurde, braucht der neue Matjes auch nicht gewässert zu werden. Maschinell behandelter Matjes ist am Fehlen der Schwanzflosse erkennbar, an Flecken sowie am exakt wie mit dem Lineal gezogenen Rändern.

Wie man den Matjes isst, ist selbstverständlich eine Sache des persönlichen Geschmacks. Puristen mögen ihn naturell, direkt mit der Hand von schräg oben in den Mund geführt. Als Begleitung wird nur Brot mit Zwiebelringen akzeptiert. Konventionell ist die Kombination mit grünen Bohnen, neuen Kartoffeln und eventuell einer Specksauce. Rustikalen Charme hat ein Brotaufstrich von der Ostsee: Matjesfilets mit einem schweren, scharfen Messer würfeln. Hart gekochte Eier und Zwiebeln ebenfalls in kleine Stücke schneiden. Alles zusammen mit Estragonsenf, Quark und Kapern verrühren, mit halbierten Wachteleiern garnieren. Köstlich schmeckt das "Kutterbrot": Pro Person wird eine Scheibe Bauernbrot mit

Rührei (von zwei Eiern) belegt. Darauf platziert man zwei bis drei Matjesfilets nebst Krabben, Zwiebelringen und frisch gehackter Petersilie.

⊦----- ***Menü:*** Bei der Komposition eines Menüs kann man sich vom Gefühl leiten lassen. Die Tageslaune wird bestimmend für die Speisenfolge sein. Soll es die große kulinarische Oper sein, wird man sich um eine perfekte Aufeinanderfolge der Gerichte bemühen, egal, ob das Menü nun aus drei, vier oder fünf und mehr Gängen bestehen soll. In jedem Fall wird man die Saison bezüglich der Auswahl der Produkte berücksichtigen. Doch stets und speziell bei Tisch sollte ein liberaler Grundsatz gelten: Schön ist, was gefällt.

Das Grundmuster eines klassischen Menüs, wie es bis weit ins 19. Jahrhundert hinein bei groben Tafeleien serviert wurde, sah so aus: kaltes Vorgericht, warme Suppe, warmes Vorgericht, Fischgang, Fleischgang, warmes Zwischengericht, kaltes Zwischengericht, Sorbet, Braten vom Wild oder Geflügel, Gemüse, warme Süßspeise, kalte Süßspeise, Käse, Bäckereien, Früchte. Dagegen wirkt heute ein modernes Menü ziemlich abgespeckt: kalte Vorspeise,

warme Vorspeise oder Suppe, Gericht mit Fisch oder Krustentieren (bei einem großen Menü kann beides aufeinanderfolgen), Fleischgang mit Gemüse, Käse, Dessert.
Noch vor rund 120 Jahren, am 21. Juli 1886, wurde nach der Beisetzung Ludwigs II. folgendes Trauermahl serviert: *Ochsenschwanzsuppe; Königseeforellen mit Béarneser-Tunke; Kalbsrücken mit gefüllten Champignons; Fleischpastetchen nach Richelieu; Hühnerbrüstchen in Mayonnaise mit Pfeffertunke; Salat und Kompott; Spargel mit Hollandaise; gebackene "Igel" mit Weichselkirschen; Gefrorenes.*
Ein Menü lässt sich prachtvoll anlegen, solide gestalten, auch witzig und kühn. Noch einmal: Es kommt auf den Anlass an und hängt von der jeweiligen Seelenlage ab. Letztlich gibt es - trotz beherzigenswerter Richtlinien - kein starres Schema, dem man sich sklavisch unterjochen müsste, sondern nur die Freiheit der schöpferischen Idee nebst einer großen Portion Heiterkeit, die zum Genießen gehört wie die Blumen zur Sommerwiese.

|----- ***Molekularküche:*** Traditionalisten und Modernisten werden die Frage, wie Essgenuss im 21. Jahrhundert ausgelöst werden kann, naturgemäß unter-

schiedlich beantworten. Völlig neue Gerichte sind nicht zu erwarten, solange es keine neuen Produkte gibt. Auch das noch so freche Kombinieren von Produkten ist für sich allein noch keine Kochkunst. Ob die modische Freestyle-Küche, in der alles erlaubt ist, der rechte Weg zu einer neuen großen Küche ist, darf bezweifelt werden. Hinter diesem Titel versteckt sich im Grund nur eine kochtechnische Beliebigkeit, sozusagen gastronomische Collage. Es wird also schwer sein, Speisen zu komponieren, die geschmacklich so neu sind, dass man von ihnen sagen kann, so habe man sie noch nie gegessen.

Diesen hohen Anspruch erfüllt der schlicht als molekular firmierende Kochstil, der von Ferran Adrià publik gemacht wurde. Diese mehr im Kopf als im Bauch geborene Küche, die respektlos alles Dagewesene infrage stellt, die Heißes eisig auf den Tisch bringt, Kaltes erhitzt, Festes verflüssigt, Flüssiges kristallisiert, die artistisch mit Schäumen, Gelees und Emulsionen spielt, die radikal verfremdet und dabei Neuartiges schafft, stellt die klassische Haute Cuisine sozusagen auf den Kopf. Sie überwindet die Tradition und täuscht wie bei der Kunst des Trompe-l'Œil den Essenden, indem das Auge etwas anderes signalisiert, als später der Gaumen wahrnimmt. Keine Frage: Adrià hat als Prophet selbstbewusst und kühn in seinem Restaurant namens El Bulli an der Costa Brava eine wahrhaft neue Küche entworfen.

Was der spanische Textur-Magier anrichtet, hat er zuvor mithilfe von chemisch und physikalisch denkenden Mitarbeitern sowie Wissenschaftlern in seinem Labor, wie er selber sein Koch-Atelier nennt, am Computer ausgetüftelt und getestet. Das Ergebnis ist, künstlerisch gesprochen, ein kulinarischer Dekonstruktivismus: Bekannte Gerichte und Produkte werden in ihre Einzelteile zerlegt, analysiert und in anderer Form sowie Konsistenz und Temperatur zu völlig neuen Speisen geformt. Gewiss lässt sich fragen, ob eine Erbse noch eine Erbse ist oder ein Steinpilz noch ein Steinpilz, wenn das eine zu Schaum gerinnt und das andere flüssig serviert oder dem Gast als nitrogrüne Teekügelchen unter beängstigend dampfenden Wölkchen mit der fürsorglichen Mahnung in den Mund expediert wird, die Speise zwischen Zunge und Gaumen wirkungsvoll aufplatzen zu lassen.

Die nahrhafte Kooperation zwischen Wissenschaft und Küche hat schon vor Adrià begonnen - beispielsweise vor knapp 40 Jahren, als Nicholas Kurti vor dem Royal Institut eine Vorlesung über den Physiker in der Küche hielt und dabei beklagte, dass der Mensch wohl die Temperaturen an der Venus zu messen vermöge, nicht jedoch wisse, was im Inneren eines Soufflés ablaufe. Das hat sich inzwischen erledigt, denn dank der zunehmenden Liaison zwischen Naturwissenschaftlern - wie dem rührigen Hervé This - und avantgardistischen Köchen haben sich die Kenntnisse über die physikalischen und chemischen Prozesse des Kochens vertieft.

Wie stark die Technik zu einem Motor des Fortschritts am Herd geworden ist, demonstrieren auch andere Köche wie Juan Amador in Deutschland und speziell der weitgehend autodidaktische Heston Blumenthal ("Ich nenne es kochen") in dessen "Fat Duck" im englischen Bray. Naturgemäß scheidet die Molekulargastronomie die Geister und dies recht schroff. Die einen bejubeln das Neuartige und sprechen von einem epochalen Sprung in der Entwicklungsgeschichte der Küche. Andere reagieren erschrocken auf die absichtlichen Verfremdungen und monieren, dass es 33 Gänge gegeben habe, doch weder Messer noch Gabel. Schon ist der neue Schlachtruf zu hören: Zurück zur Natur!

Ob man der molekularen Küche nun huldigt und ihr eine noch größere Zukunft prophezeit oder ob man sie für einen Trend hält, für ein vorübergehendes gastronomisches Geplänkel: Fest steht, dass sich ein Koch wie Ferran Adrià bereits jetzt einen Logenplatz im Olymp der Köche gesichert hat. Der Katalane hat das Fenster zu einer neuen Küche weit geöffnet und damit jedem Koch die Möglichkeit geboten, sich stilistisch zu bedienen. Für Blumenthal, der, bevor ihn das Kochen faszinierte, als Vertreter für Kopierer sein Geld verdient hatte, gibt es am Erfolg der Molekularküche, die ihm immerhin drei Sterne vom Michelin eingebracht hat, sowieso keinen Zweifel. "Die ist", sagt er, "ein wunderbares Werkzeug und wird ihren Weg machen wie die Nouvelle Cuisine."

Nachschlag: In der Gastronomie nicht üblich, doch auch nicht verpönt. Saucen und Beilagen werden in der Regel auf Wunsch nachgereicht, Fleisch und Fisch eher nicht.

Nouvelle Cuisine: Unter diesem Begriff hat sich, ausgehend von Frankreich, zu Beginn der 70er-Jahre in deutschen Küchen ein neuer Küchenstil durchgesetzt. Der wichtigste und heute noch populäre Pionier dieser "Neuen Küche" ist Eckart Witzigmann. Die Nouvelle Cuisine nutzten etliche Köche für Schaumschlägerei, zumal jene, die für Mini-Portionen Maxi-Preise verlangten. Doch trotz aller Irrungen war die NC, nachdem in den 60ern noch die Diktatur der großen Portionen herrschte und Schnecken in Knoblauchbutter als Gipfel der kulinarischen Lust galten, der Königsweg zur deutschen Hochküche von heute.

O

⊦----- ***Ober:*** Gemeinhin der Titel für jede männliche Servicekraft, ob es nun wirklich der Oberkellner oder Maître d'hotel ist oder ein Kellner. Schwieriger ist die Anrede bei den Frauen, seit das "Fräulein" verpönt ist und weder Fingerschnipsen noch der Ruf nach "Bedienung" oder ein "Hallo" feiner Lebensart entspricht. Die Gesellschaft für deutsche Sprache empfiehlt das "Frau Ober".

⊦----- ***Öle:*** Über Olivenöl muss man nicht mehr viel erzählen. Jeder Gourmet kennt, nutzt und liebt es. Von erweiterter kulinarischer Kreativität zeugt hingegen der Umgang mit den diversen Kern- und Nussölen. Während Mohnöl den Schlaf fördert und beispielsweise vorzüglich zu roh geraspelten Möhren schmeckt, taugt Mandelöl nicht nur zum Backen, sondern verfeinert auch Reisgerichte. Und das träge aus der Flasche fließende, mit seinem satten Dunkelgrün verdächtig dem Diesel gleichende Kürbiskernöl putzt Salate und Spiegeleier auf und ist für seine Liebhaber eine Quelle der Kraft und des Frohsinns, angeblich auch der Potenz.

Selbst die einfachste aller denkbaren Kombinationen avanciert dank Kürbiskernöl zum kulinarisches Erlebnis: Brot, getunkt in Kürbiskernöl, vielleicht ergänzt durch etwas grobes Meersalz. Wonnen vermitteln Sülzen und Rindfleisch, fein in Streifen geschnitten und mariniert mit Kürbiskernöl. Novizen nähern sich dem Öl in der Regel vorsichtig wie auf Zehenspitzen. Es ist wie mit der ersten Auster. Aber sobald man den wunderbar warmen und tiefen Geschmack mit dem walnussigen Aroma einmal genossen hat, kommt man nie wieder davon los. Doppelt erfreulich ist, dass sich hier Genuss mit Gesundheit paart: Kürbiskernöl hat einen besonders hohen Anteil an ungesättigten Fettsäuren (speziell Linolsäure) und ist reich an Vitaminen sowie Mineralstoffen.

Obwohl das Kürbiskernöl zunehmend auch in deutschen Feinschmeckerküchen verwendet wird, ist es wie ein

Saturnring von Mysterien umgeben. In Feinkostläden wird es in der Regel geführt, doch ansonsten ist Vorsicht geboten; insbesondere das in manchen Läden oder über den Versandhandel verkaufte Kürbiskernöl ist vom Aroma her eher blässlich und weder im Duft noch an Geschmacksdichte mit einem originalen Öl direkt vom Bauern zu vergleichen. So manches "Kürbiskernöl" ist nämlich verdünnt, gestreckt mit Billigölen wie beispielsweise Raps. Solche Bastarde fließen dünn, teilnahmslos aus der Flasche; es fehlt ihnen der innere Wert. Wo Profit lockt, sind eben die Schelme rasch zur Stelle. Der hohe Preis für das Öl steht der Verbreitung als Volksnahrungsmittel wohl etwas störrisch im Wege, aber ein kulinarischer Flirt mit dieser Spezialität lohnt sich. Echtes Steireröl vermag schon tropfenweise so manche Falte des Alltags zu glätten und gilt zudem als blasenstärkendes Wundermittel für Männer.

Das ist ein aparter Multieffekt: schmackhaft zu sein, gesund und obendrein der Schönheit dienlich. Diese Tugenden gelten auch für andere Öle abseits der Olive, vorausgesetzt, die sind kalt und schonend gepresst. Nussöl, so heißt es, verleihe Haaren seidigen Glanz,

Rapsöl wirke Stress entgegen, Leinöl nutze der Verdauung, Senföl rege Leber und Galle an, Sonnenblumenkernöl sei leistungssteigernd. Sesamöl gilt im Orient als Mittel gegen praktisch jedes Übel, gerühmt wird die gute Wirkung auf Haut und Haare, Verdauung und sogar den Geist.

Der Feinschmecker hört solche Botschaften gerne, doch wichtiger noch als der medizinische Effekt ist ihm die Anwendbarkeit in der Küche. Wenn Olivenöl das Pflichtprogramm darstellt, kommt den diversen Spezialölen die Rolle der Kür zu. Mit ihnen kann man hundert Speisen in neuer Aromatik erblühen lassen. Senföl macht sich vorzüglich zu Bohnen, Rindfleisch und Kartoffelsalat. Das neutral schmeckende Distelöl eignet sich wie das besonders hitzebeständige Traubenkernöl mit seiner zarten Aromatik zum Backen sowie zum Mischen mit Ölen, deren Eigengeschmack einem zu kräftig ist. Mandelöl bietet nussige und gewürzige Aromen, es vermählt sich fein mit Nudelgerichten, verleiht Salatmarinaden eine unverwechselbar exotische Note und ist wie das Mohnöl nützlich in der Mehlspeisenküche. Das hellgelbe Sesamöl ist unverzichtbar in der asiatischen Küche (ideal im Wok), kann anstelle von Kürbiskernöl auch bei Eierspeisen sowie Currygerichten und generell in der vegetarischen Küche verwendet werden.

Ins rustikale Fach fällt das Leinöl, gewonnen aus den kleinen braunen Samen der Leinpflanze, auch Flachs genannt. Es hat eine kernige, herbe Note und erhöht Pellkartoffeln mit Quark zu einem köstlichen Essen. Sonnenblumenkernöl ist ein geschmeidiger Kontrapunkt zu Bittersalaten wie Kresse, Löwenzahn, Rucola, Endivie oder Zuckerhut. Wunderdinge erzählen sich Köche vom Rapsöl mit seinem diskreten bis starken Nussaroma. Es ist gesund, eignet sich zum Dünsten und Braten, schmeckt auch lecker zusammen mit hart gekochten Eiern.

Obenan auf der Hitliste der besonderen Öle stehen die von Walnuss und Haselnuss. Beide Sorten sind hocharomatisch und eignen sich zum Marinieren und Fleisch ebenso gut wie zur Verfeinerung von Salaten und Carpaccios. Sie veredeln Kalbsbries und umschmeicheln Wildsalate. Wichtig ist freilich auch hier die erstklassige Qualität: Beim Riechen und Schmecken muss sich rein und frisch die Assoziation an Nüsse einstellen! Gleiches gilt fürs Pistazienöl mit seiner leuchtend grünen Farbe und dem ausgeprägt an Röstaromen erinnernden Duft (macht sich gut mit zitronigen Aromen, mit Avocado, Apfel, Roter Bete und geräuchertem Fisch).

P

⊢----- ***Pannenhilfe:*** Die erste Verhaltensregel in der Gastronomie, ob Kneipe oder Restaurant, lautet: Natürlich bleiben, nicht künsteln. Das gilt auch und insbesondere für Pannen. Kork im Glas? Holt man am besten mit dem Besteck heraus oder lässt sich ein neues Glas bringen. Ein Stück Fleisch ist zu zäh? Wird diskret auf die Gabel befördert und am Tellerrand abgelegt. Ein Glas mit Wein kippt um? Kein Problem, als Erste Hilfe nimmt man die eigene Serviette zum Auftunken, bis der Service helfend einspringt. Sollte der Nachbar einige Spritzer abbekommen haben, bietet man ihm die Übernahme der Reinigungskosten an. Eine Gräte sitzt quer im Hals? Man geht auf die Toilette und hustet sich frei. Gibt es Probleme beim Essen eines Gerichts (Austern, Krebse etc.), fragt man ohne Scheu den Ober - und der wird mit Charme behilflich sein.

⊢----- ***Pasta:*** Und es sprach der Koch: Mädchen dürfen weich werden, Nudeln nicht. Das ist der feine Unterschied, der darüber entscheidet, ob du eine Pampe auf dem Teller hast oder ein Stück aus dem kulinarischen Paradies: einfach, aber ungemein lecker, denn Nudeln sind in der Küche die sanfteste und zugleich sinnlichste Sache. Das weiß jeder feinsinnige Esser, und so haben wir nichts dagegen, dass Italiener, Chinesen und Schwaben wie ein Geheimbund weltweit die Nudelfäden in der Hand halten.

Am feinschmeckerischen Wert einer al dente gekochten Nudel gibt es keinen Zweifel. Einen Glaubenskrieg löst hingegen die Frage aus: Was gehört ins Kochwasser? Nichts, sagen die Puristen. Nudeln seien in wenigen Minuten gar gekocht und würden weder Olivenöl noch Butter in schmeckbarem Maße aufnehmen. Das leuchtet ein, doch zeugt es andererseits von erstklassigem Stil, wenn man die Nudeln, die man vielleicht in italienischer Sauce zu servieren gedenkt, schon im Kochwasser ein bisschen vom Olivenöl kosten lässt. Wichtiger ist freilich das Finish. Im Gegensatz zu Leuten, die Nudeln mit dikken Saucen, Gewürzen und diversen Beilagen überfrachten, schätzt der Pasta-Liebhaber die Nudel eben als Nudel: pur, nur mit Salz, Butter oder Olivenöl und einer Zutat - wie Basilikum, Salbei, klein gehackten Oliven oder Pfefferoni oder Knoblauch - aromatisiert.

Pasteten: In der unendlichen Geschichte der Kochkunst gebührt den Pasteten ein besonders dickes Kapitel. Niemand weiß, wer als Erster Fleisch, Fisch oder Gemüse in Teig hüllte, um das Ganze dann zu backen, aber dieser blitzgescheit praktizierte Akt war an Genialität vergleichbar der Geste jenes gleichfalls unbekannten Mannes, der zuerst die Idee hatte, einer Frau eine Rose zu schenken. In beidem steckt Poesie, in der Rose wie der Pastete, nur dass Letztere obendrein noch den Vorzug hat, nahrhaft und lange haltbar zu sein. Unsere Altvorderen nutzten die Pastete denn auch wie eine Konserve: Der Teig schützte das Füllsel vor Verderbnis und Verlust an Aromen.

Eine Art Ur-Pastete wird dem Koch mit Namen Epainetos zugeschrieben, einem Bocuse der Antike, der aus Fleisch, Honig, Käse, Essig, Würzkräutern und Blut als Bindemittel eine Pastete buk, die im alten Athen während der Aufführung von Tragödien verkauft wurde. Aristoteles kommentierte süffisant, dass in langweiligen Passagen viele Pasteten abgesetzt wurden, doch keine, wenn's auf der Bühne richtig spannend zuging. Das können auch Wirte in Bayreuth nachempfinden, die einer Umfrage zufolge nach den "Meistersingern" mehr Bratwürste verkaufen als im Anschluss an den pastoralen "Parsifal". Ähnlich verhält es sich in Sportarten mit den "Hot Dogs", denen ein wesentliches Prinzip der Pastete zugrunde liegt, nämlich der unkomplizierte Transport von Fleisch über die Hand in den Mund.

Die internationale Karriere der Pastete ist vor allem durch ihren Variationsreichtum gefördert worden. Alles, aber auch wirklich alles lässt sich in Teig einpacken, ob Gehacktes, Schinken, Spinat, Krabben, Fisch oder Geflügelleber. Jede Landesküche hat ihre eigene Pastetenkultur, die sich jeweils grob zweiteilen lässt: In die Gruppen der feinen und der rustikalen Pasteten. Sortiert wird nach der Qualität des Inhalts sowie der Art des Teigs. Eine Straßburger Gänseleberpastete, umhüllt mit Brioche, fällt ins feine Fach, der Schinken im Brotteig oder die Pâté de Campagne genannte Landpastete aus Fleisch, Speck, Innereien und Gewürzen zählen zu den rustikalen Vertretern.

Große Meister im Pastetenbacken waren zuallererst die Italiener, was sich sprachlich fundamentiert: Aus "pasta", dem Wort für Teig, leitet sich das französische pâté und das deutsche Pastete her. Allerdings waren es ab dem 16. Jahrhundert zunehmend französische Köche, die zur Verfeinerung der Pastetenkunst beitrugen. Ihnen sind auch die luxuriösen teiglosen Varianten zu verdanken, wie die Terrinen, die Galantinen sowie deren kleine Schwestern, die Ballotinen. Dies alles sind sozusagen nackte Pasteten - bei den Galantinen beispielsweise wird die Farce in ausgebeintes Fleisch oder die Haut von Geflügel gehüllt.

Die extreme Formbarkeit der Pasteten hatte die Köche von jeher fasziniert. In früheren Jahrhunderten hatten die Pastetenmacher im Verein mit Bildhauern, Architekten und Blechschmieden riesige Teighüllen geschaffen, die als Tafelaufsätze fungierten, unter denen sich Schwertschlucker verbargen, Ringkämpfer, Zwerge oder eine Kinderschar, die nach dem Aufschneiden des Teigmantels herauslief und Fahnen schwenkte. Friedrich der Große hatte ebenfalls Spaß an derlei Spektakel: Er ließ 1764 am Dreikönigstag eine große Pastete auftragen, in der ein junges Mädchen saß, das nach dem Aufschneiden des Teiges vom König gedichtete Verse vortrug. Das gibt es heute nicht mehr, aber geblieben ist die Pastete als ebenso dekoratives wie feinschmeckerisches Stück Kochkunst.

⊢----- ***Pfeffer:*** Pfeffer wurde im Mittelalter mit Gold aufgewogen, das Gewürz hat Kriege verursacht, eine venezianische Dogaressa trumpfte öffentlich nicht mit Edelsteinen auf, sondern demonstrierte ihre weibliche Nobilität genüsslich und provokant mit Ketten aus aneinandergereihten Pfefferkörnern nebst weiteren Gewürzen. Wer es sich leisten konnte, prunkte übertreibend mit orientalischen Gewürzen. Wenn Herzog Karl der Kühne von Burgund seinen Gästen pfundweise Pfeffer auftischte, raunte man sich dies an anderen Fürstenhöfen mit gehöriger Ehrfurcht zu. Die Erfindung der Pfeffersauce war sozusagen ein aus Angabe gezeugtes Kind, und bis ins 17. Jahrhundert galt eine deutsche Kraftsuppe aus Fleischbrühe, Wein, Speck, Zwiebeln, Mandeln, Zimt, Ingwer, Nelke, Kardamom und Safran als kulinarischer Schlager. Erst im 18. Jahrhundert wurde der Gebrauch von Gewürzen drastisch eingeschränkt. Pfeffer, Safran & Co dominieren seither nicht mehr die Speisen, sondern streicheln sie sanft wie eine Brise.

Inzwischen sind die bunten Körner demokratisiert und küchenpolitisch von eminenter Bedeutung, weil sie im Orchester der Aromen nach dem Salz den Part der Ersten

Geige spielen. Voraussetzung dafür, dass die Pfefferei sich nicht in oberflächlicher Scharfmacherei erschöpft, ist die Qualität der Beeren, denn Pfeffer ist längst nicht gleich Pfeffer. Zu Hause ist die unter "Piper nigrum" botanisierte Pflanze in heißen Regionen wie Indien, Indonesien, Malaysia, Brasilien, auf Borneo und in Afrika. Die Pfefferfamilie gleicht einer Farbpalette von Grün über Rot bis Schwarz und innerhalb jeder dieser Fraktionen gibt es unterschiedliche Charaktere, was die Art und Kraft der Würzung betrifft.

✶ Schwarzer Pfeffer wird von fast reifen Beeren gewonnen und mitsamt der Schale nach einer kurzen Desinfektion einem Gärprozess unterworfen, bei dem die zuvor noch grünen Früchte sich schwarz färben und die Schale runzelig wird. Als Urvater gilt übrigens der Malabar-Pfeffer von der gleichnamigen Küste in Südindien: Sein fruchtig-würziges Aroma passt gut zum morgendlichen Ei sowie zu Carpaccio, Quark und Roastbeef. Brasil-Pfeffer verfügt über ein balanciertes Aroma mit Tönen nach Muskat und etwas süßlichem Tabak. Kraftvoll würzt der Sarawak-Pfeffer aus Malaysia mit Anklängen an Nelke und Kardamom. Leicht rauchig und ziemlich scharf schmeckt der Lampong aus Sumatra.

* Tellicherry-Pfeffer ist schwarzer Pfeffer aus fast reifen, bereits gelblich-orange verfärbten Beeren. Die Körner sind meist etwas größer als beim gewöhnlichen schwarzen Pfeffer und nicht tiefschwarz, sondern dunkelbraun. Hat eine feine Würze von ätherischer Schärfe. Wird exklusiv in Indien produziert, ist teurer als der normale Schwarzpfeffer.

* Grüner Pfeffer wird unreif geerntet, nicht fermentiert und - meist in Salzlake oder Essig - konserviert; hat ein mittelscharfes, pikantes und fruchtiges bis leicht krautiges Aroma.

* Weißer Pfeffer wird aus vollreifen roten Früchten gewonnen, indem die Beeren in fließendem Wasser eingeweicht werden, bis sich die Schale löst und der nackte Kern übrig bleibt. Der wird getrocknet. Das Aroma ist mild bis mäßig scharf.

|----- ***Roter Pfeffer:*** reif geerntete Beeren, die - wie der grüne Vetter - entweder eingelegt oder unter hoher Temperatur beziehungsweise im Vakuum so rasch getrocknet werden, dass keine Fermentation stattfindet und die Farbe erhalten bleibt. Schmeckt schärfer als der

grüne Pfeffer und verbindet den würzigen, reifen Geschmack des schwarzen mit der frischen Note des grünen Pfeffers.

✶ Melegueta-Pfeffer wächst an der westafrikanischen Küste von Guinea bis Angola, teils noch wild an Waldrändern. Nicht direkt verwandt mit dem Piper nigrum, gehört der Melegueta-Pfeffer zur Familie der Ingwergewächse. Seine diskrete Schärfe mit aromatischen Beitönen wie Zimt und Muskat war in Europa schon im Mittelalter beliebt, speziell als Therapeutikum gegen Magenbeschwerden, Mandelentzündung, Rheuma, Kopfweh und anderlei Übel. Erst im 15. und 16. Jahrhundert wurde das Gewürz zunehmend auch in der Küche eingesetzt, damals als "Grana Paradisi" benannt, als Paradieskörner. Der indische Pfeffer hat den Melegueta verdrängt; lediglich während des Zweiten Weltkrieges, als die Lieferungen aus den britischen Kolonien ausblieben, hat die westafrikanische Variante unter Namen wie "Appetitweizen" und "Dünkelkorn" eine kurze Renaissance erlebt.

✶ Langer Pfeffer ist ein scharfer Verwandter des echten Pfeffers mit einem süßlichen Aroma nebst leicht säuerlichem Beiton.

✶ Kubebenpfeffer ist ein entfernter Verwandter des Piper nigrum, stammt aus Indonesien und verfügt über ein raffiniertes Aroma von warmer Würze mit Anklängen an Wacholder sowie auch etwas Eukalyptus.

✶ Rosa Pfeffer ist wegen seiner aparten Farbe ein Liebling der Schickeria-Küche, trendig, doch kein echter Pfeffer, sondern eine körnige Frucht des Schinusbaums aus Südamerika, die dem Pfeffer optisch ähnelt. Das Aroma ist von verhaltener Schärfe mit einer Tendenz ins Süßliche und leicht bitterem Beiton (wird feucht eingelegt und in getrockneter Form vermarktet).

✶ Cayennepfeffer fällt botanisch aus der Reihe. Er wird erzeugt, indem reife Chillischoten getrocknet und feinst zermahlen werden. Der Name beruht auf einem Missverständnis: Kolumbus hielt die getrockneten Früchte wegen deren Schärfe für Pfeffer und brachte sie nach Europa, wo sich der Name "spanischer Pfeffer" einbürgerte. Hat ein scharfes bis beißendes Aroma, flankiert von fruchtigen, rauchigen und süßlich-blumigen Tönen - je nach Art und Verarbeitung.

✶ Szechuanpfeffer ist kein echter Pfeffer. So nennt man die getrockneten Früchte eines Gelbholzbaumes aus China. Würzt sanft-säuerlich mit zitronigem Anklang, kann ein wenig an Holunder und Anis erinnern.

Wer es zu Hause mit dem Kochen ernst meint, wird Pfeffer in seiner ganzen Farbenpracht im Regal stehen haben, doch nicht in gemahlener Form, sondern original in der Mühle - und dabei darauf achten, dass die Körner über eine angemessene Größe verfügen, ein Indiz für Qualität. Kleine Körner, sogenannte Light Berries, enthalten wenig bis kein Piparin, das für die Schärfe und vor allem das vielschichtige Aroma verantwortlich ist. Es darf also prognostiziert werden, dass auf dem Tisch des Gourmets gleichberechtigt neben dem Schälchen mit Fleur de Sel auch eine Pfeffermühle steht, mittels der spontan vor allem weißer und schwarzer Pfeffer aufs Ei, das Roastbeef und ähnliche Delikatessen gemahlen wird.

Picknick: Wenn der Sommer in grellen Farben aufglüht und der Himmel im Lichte kommender Zärtlichkeiten erstrahlt, gibt es nichts Schöneres als ein Essen im Freien. Die Rosen duften mit dem Thymian und dem Lavendel um die Wette, Grillen zirpen, Mücken fliegen ihre Hochzeitstänze. Jeder kennt diese Sinfonie der Sinnlichkeit. Man räkelt sich dem Himmel entgegen und genießt die Schmauserei im Grünen. Picknicken ist mehr als bloße Nahrungsaufnahme unter freiem Himmel. Die in einem öffentlichen Park verzehrte Wurstsemmel oder das Jausenbrot mit Tee aus der Thermoskanne im Rucksack des Wanderers haben nichts mit Picknick zu tun - obwohl sich das Wort, wie Sprachforscher versichern, von "pick a nic" herleitet, was so viel bedeutet wie: "Schnapp dir eine Kleinigkeit." Gepflegtes Picknicken, also eines mit Stil, erfordert neben der Idee und Raffinesse bei der Planung auch Unerschrockenheit bei der Durchführung, Wetterfestigkeit inklusive.

Schließlich geht es darum, im Freien ein Maximum an Essenskultur zu arrangieren. Bei der Verwirklichung hat die Phantasie großen Spielraum. Schinken gehört nebst Würsten, Käse (vielleicht ein Potpourri aus cremigem Brie de Meaux, etwas Ziege, altem Gouda und Parmigiano Reggiano), Oliven, Tomaten, Essiggurken, hart gekochten Eiern, Räucherlachs, Butter und diversen Brotsorten zum Standardprogramm eines Picknicks.

Darüber hinaus gibt es eine kulinarische Kür, deren Ausführung von Appetit, Geschmack und finanziellem Potenzial abhängt. Etwas getrüffelte Gänseleberterrine wird keine schlechte Wahl sein. Auch Kaviar aus der großen Blechdose vermag ein Picknick mit einem aparten Hauch von Luxus zu erfüllen. Andererseits ist ein kaltes Wiener Schnitzel mit Kartoffelsalat ein Erlebnis der besonders herzhaften Art. Salate, bereits zu Hause angemacht, bereichern das Mahl im Grünen ebenso wie Wildpastete mit Preiselbeerkompott, Tafelspitzsülze mit Schnittlauchsauce, erkaltete Bratenstücke, Ziegenkäse mit Quittengelee und derlei köstliche Vulgaritäten.

Im 19. Jahrhundert glich ein Picknick der englischen Oberschicht einem feudalen Essen. Wie Mrs. Beeton in ihrem 1861 erschienenen "Book of Household Management" beispielsweise vorschlägt, hatte ein Picknick mindestens aus sechs Stück Hummer, zwei Enten, Lammschultern, Tauben-Pasteten, einigen Kalbsköpfen in Aspik, Roastbeef, Salaten und ähnlichen Delikatessen zu bestehen. Pasteten, Sandwiches und der unvermeidliche Pudding sind heute noch unverzichtbare Ingredienzen eines britischen Picknickers.

Der Brauch, draußen im Freien ein Tuch auszubreiten und sich an mitgebrachten Näschereien zu delektieren, entstand bereits in der Antike. Die Griechen nannten das Essen im Grünen "Eranos", die Römer wiederum "Prantium". Beliebt war das Picknicken in der Zeit des Minnesangs, und in der Renaissance galt das Speisen inmitten ländlichen Idylls als große Mode. Der Adel spielte Schäfer und Schäferin, man vergnügte sich auf Wiesen und Waldhainen, selbstverständlich versorgt von der Dienerschaft mit Körben voll Obst, Fleisch, Brot und Wein. Um die Jahrhundertwende war das Picknicken besonders bei der deutschen Jeunesse dorée beliebt. Auch in den tollen Zwanzigern gehörte das Picknick zum kultivierten Lebensstil - wie heute am Beginn des 21. Jahrhunderts. Es scheint, dass die Lust am Genuss im Grünen in Zeiten sozialer und wirtschaftlicher Spannungen besonders stark ausgeprägt ist. Mag sein, dass der aktuelle Picknick-Trend auch mit der zunehmenden Verstädterung der Natur und der daraus resultierenden Sehnsucht nach heiler Umwelt zu tun hat.

Wein darf natürlich nicht fehlen. Passend ist ein herzhaftes Gewächs, ein Wein, zu dem man nicht Sie sagt, sondern der als Duzbruder willkommen geheißen wird. Das kann ein Sauvignon blanc sein, ein Grüner Veltliner, auch ein Rosé oder Silvaner. Überhaupt nichts ist gegen Champagner einzuwenden. Wichtig ist nur, dass die Gläser nicht leer bleiben. Das würde nämlich auch bei einem Picknick, wo Kultur sozusagen auf Natur trifft, den Sinn des Ästheten für Vollkommenheit verletzen. Die schönste Huldigung ans Picknick stammt übrigens von Edouard Manet. Dessen "Déjeuner sur l'herbe" - das Frühstück im Grünen - mit der frivol hingegossenen Nackten animiert ungemein.

Pizza: Für viele Hungrige ist die Welt eine Scheibe aus Hefeteig, belegt mit Käse, Gemüse, Fleisch oder Fisch, gewürzt mit Kräutern, gebacken im Steinofen und weltweit bekannt als Pizza. Die Variationsbreite ist schier unendlich, monströs gipfelnd in der "Pizza mit allem", bei der die sprachliche Delikatesse freilich höher einzuschätzen ist als der kulinarische Wert. Allerdings reizt diese uralte neapolitanische Mutterspeise immer wieder auch Spitzenköche zu kreativen Höhenflügen. Wenn Jack Nicholson in Wolfgang Pucks "Spago", dem gastronomischen Tempel von Los Angeles, zum 1990er Dom Perignon eine Pizza bestellt, dann ist die entweder dick mit Lachs oder üppig mit Kaviar belegt. Eine italienische Mamma bringen solche prätentiösen Einlagen zum Weinen, aber Puck, dieser österreichische Erfolgskoch, weiß, womit er seine verwöhnte Gesellschaft noch beglücken kann: mit der luxuriösen Veredelung des Einfachen. Derartige Exklusivitäten haben das Image der Pizza naturgemäß beeinflusst und sie rangmäßig über anderem Fast Food á la Hamburger oder Würstchen etabliert.

Historiker berichten, dass die Pizza vor etwa 500 Jahren in Neapel entstanden ist, und zwar als Armeleuteessen. Belegt worden ist sie mit Knoblauch, Kräutern und vermutlich allem, was an Resten vorhanden war. Insofern war die Pizza - wie Pasteten, Teigtaschen und dergleichen - eine Schöpfung findiger Köche zur Verwertung von Überbleibseln vergangener Essen oder Lebensmitteln, die sich gerade in der Speisekammer fanden und für sich allein nicht zu einem vollwertigen Gericht reichten. Jedenfalls war die Ur-Pizza wohl viel schlichter als selbst die inzwischen als Klassikerin geltende Pizza Margherita, die angeblich am 6. Juni 1889 erstmals in Neapel zu Ehren der italienischen Königin gleichen Namens mit einem Belag aus Tomaten, Mozzarella und Basilikum zelebriert worden sein soll - in den italienischen Nationalfarben Rot-Weiß-Grün.

Pommes frites: Es gibt Gourmets, die meinen, Pommes frites seien nur Futter für zungentaube Proleten. Das ist zu arrogant, ganz abgesehen davon, dass einige dieser vorgeblichen Fritten-Verweigerer schon beobachtet worden sind, wie sie sich scheu umherblickend an den frittierten Kartoffelstäbchen delektierten. Es wird also so etwas wie eine Hassliebe zu Pommes frites geben.

Man muss fein differenzieren. Was in den Frittenbuden aus industriell vorgefertigten Kartoffelstiften produziert wird, vermag nicht zu verführen. Aber in Belgien können Pommes frites einfach unwiderstehlich schmecken. Da kann auch der kritischste Feinschmecker ohne Scham und mit lauter Stimme eine Portion Pommes frites ordern, selbstverständlich nicht mit Ketchup oder obskuren Zigeunersaucen, sondern mit einer elegant fließenden Mayonnaise, die "á part" gereicht wird, was heißt: nicht über die Fritten geklatscht, sondern in einem separaten Schälchen zum Tunken.

Von Pierre Wynants, Patron des Brüsseler Gourmettempels "Comme Chez Soi" und einer der besten Köche der Welt, stammt dieses Rezept: Kartoffeln (leicht mehlig, doch unbedingt auch saftig) schälen, waschen, trocken tupfen und in gleichmäßige Stäbchen knapp einen Zentimeter zu fünf Zentimeter schneiden. In einer Friteuse mit Pflanzenöl die Pommes bei 160 Grad vier Minuten vorfrittieren, danach auf Küchenpapier entfetten. Nach einer Ruhezeit von einer halben Stunde erneut in die Friteuse geben und nun bei 190 Grad goldgelb und knusprig ausbacken. Einfach, doch ein Hochgenuss.

|----- ***Punschiade:*** Eine Punschiade ist eine ebenso gesellige wie genüssliche Form des Trinkens, abgesehen davon, dass die Zubereitung keine Mühe macht. Zwei Flaschen Rotwein, eine Flasche Rum plus schwarzen Tee (Menge nach Belieben), Zitronensaft und Zucker bis zum Siedepunkt erhitzen - und fertig ist die klassische Version eines altpreußischen Punsches, wie ihn beispielsweise der alte Fontane liebte. Und bitte: Der Punsch galt früher als ein Getränk für Könige.

Für den schwedischen Schneepunsch nehme man ein Stück frischen Ingwer (circa drei Zentimeter), schäle und schneide ihn. Eine Vanilleschote längs aufschlitzen, das Mark herauskratzen und zusammen mit der Schote, dem Ingwer, einer Zimtstange, je drei Gewürznelken, Kardamomkapseln und Pimentkörnern plus drei Sternanis, je

50 Gramm Rosinen sowie Mandeln (grob gehackt), Schale und Saft von je einer Orange und Zitrone (unbehandelt) und fünf Esslöffel braunem Zucker mit einer Flasche kraftvollem Rotwein (sehr gut: Spätburgunder, Blaufränkisch, St. Laurent) aufgießen, eine halbe Stunde zugedeckt leicht köcheln lassen und durch ein Sieb gießen. Schließlich einen Fünftelliter erstklassigen Rum aus der Karibik darunter mischen und den Punsch, angelegt für sechs Personen, servieren.

Köstlich ist der Fruchtpunsch: Ein Glas eingemachte Früchte - Ananas, Erdbeeren, Johannisbeeren, Orangen oder Ähnliches - werden mit einer halben Flasche Rum unter stetem Umrühren gekocht, vom Feuer genommen und sofort mit zwei, drei Flaschen heiß gemachtem Weißwein der herben Sorte angereichert. Man kann Pünsche mit Wasser oder Tee mildern, sie durch Honig und Kandis süßen, mit Orangen oder Likören aromatisieren, auch mit Sekt oder Champagner auffrischen. Punsch ist ein Thema mit vielen Variationen.
Ursprünglich war der Punsch ein Mittel, mit dem indische Brahmanen die Gläubigen in religiöse Verzückung versetzten. Die Priester brauten den Trank aus den fünf "Ele-

menten" Feuer, Wasser, Weingeist, Zucker und Gewürzen. Fünf heißt im Sanskrit "pantscha" - die Zahl gab also dem Getränk den Namen, und mit den britischen Kolonialherren kam das heiße Elixier nach Europa, wo es von der reichen Gesellschaft begeistert aufgenommen wurde. Am Ende des 18. Jahrhunderts waren um die 5000 Rezepturen bekannt. In England wird Punsch auch zum "High tea" am Nachmittag getrunken, flankiert von kandierten Früchten, Keksen, Honigkuchen.

Derlei Näschereien - besonders gut: Früchtebrot, Kletzenbrot im Alpenländischen genannt - schmecken auch zum Winterpunsch, bei dem je zwei Flaschen Weißwein und Rotwein mit einer Flasche Wasser, Zucker sowie Rum oder Arrak (Branntwein aus Reis, Zuckerrohr, Melasse oder zuckerhaltigen Pflanzensäften) - Menge nach persönlichem Gusto - und etwas Zitrone zusammengebraut werden: Kandiszucker im heißen Wasser zergehen lassen, Weine hinzugießen, alles sanft köcheln lassen, den Saft einer Zitrone und den Arrak hinzufügen. Umrühren, mit Gewürzen abschmecken, heiß servieren, eventuell garniert mit einer Zimtstange und den Schalen unbehandelter Zitrusfrüchte.

Der populärste Punsch heißt irrigerweise Feuerzangenbowle und ist eigentlich der "Royal Punsch". Davon gibt es diverse Variationen. Raffiniert ist folgende Rezeptur: In einem großen Topf drei Flaschen gehaltvollen Rotwein (Spätburgunder, Blaufränkisch, Merlot) erwärmen, die Orangen und zwei Zitronen (unbehandelt), mitsamt der Schale in Scheiben geschnitten, hinzugeben, ferner eine Stange Zimt, vier Gewürznelken, fünf Körner Piment, zwei Scheiben frischen Ingwer. Alles erhitzen und ziehen lassen, ohne dass es kocht. Dann den Topf auf ein Rechaud stellen, die Feuerzange darüberlegen, den Zuckerhut daraufgeben, mit Rum tränken, anzünden und nach und nach einen guten Viertelliter Rum darübergießen. Der schmelzende Zucker aromatisiert den Punsch.

Im alten Berlin wurde ein "Kaiserpunsch" zubereitet, der lange ein sorgsam gehütetes Geheimnis der Schlossküche war: Zwei Liter Wasser mit vier Pfund Zucker bis zur Siedehitze erwärmen, dann vier Flaschen alten Rheingauer Riesling sowie eine Flasche feinsten Rums hinzufügen. Das Gemisch nochmals bis zur Siedehitze erwärmen, dann durch ein Tuch in eine Bowlenschüssel seihen, in die man zuvor den Saft von zwei Zitronen getraufelt hat. Das Geheimnis dieses Punsches lag darin, dass besonders hochwertige Weine verwandt wurden, also beispielsweise feinst gereifte Auslesen. Motto: Aus einem Ackergaul wird kein Rennpferd und aus billigen Weinen kein genialer Punsch!

----- ***Quellwasser:*** Mineralwasser ist zum Kult geworden und so werden in der Sterne-Gastronomie mehrere Sorten von still bis prickelnd angeboten. Doch ist es kein Problem, den Service um stilles Quellwasser aus der Leitung zu bitten; generell wird dies nicht berechnet.

----- ***Rechnung:*** Im Wirtshaus reicht oft ein Bierdeckel, im Restaurant wird einem die Rechnung präzise im Detail vorgelegt. Man bezahlt bar oder mit Kreditkarte, vergisst nicht das Trinkgeld. In der Regel wird die Rechnung verdeckt serviert, vielleicht in einer Schatulle, eingeschlagen in eine Serviette, eine Mappe. Der Gastgeber prüft diskret die Summe und legt den entsprechenden Betrag zur Rechnung, die wiederum vom Service abgeholt und mit dem Wechselgeld retour gebracht wird. Nun kann der Gastgeber entscheiden, wie viel Trinkgeld er zurücklässt. Von spezieller Eleganz zeugt das Prozedere, wenn der Gastgeber aufsteht und die Rechnung abseits vom Tisch erledigt.

Reklamation: Negative Erlebnisse sind selten, doch nicht auszuschließen, sei es, dass einem der reservierte Tisch nicht gefällt, das Bier zu warm ist, der Rotwein zu kalt, das Steak zu zäh oder der Salat zu sauer. Solche Unzulänglichkeiten braucht man nicht kommentarlos hinzunehmen. Sinn- und stilvoll ist das sachliche Gespräch mit dem Ober oder dem Wirt.

Risotto: Ein Risotto ist ein Risotto ist ein Risotto? Niemals! Signora Grazia, die Köchin in einer von Restaurantführern noch nicht entdeckten Trattoria in einem versteckten Winkel Piemonts, schüttelte es vor Entsetzen bei dem Gedanken, ihr Risotto könnte mit einem x-beliebigen aus irgendeiner Konfektionsküche in den gleichen Topf geworfen werden. Ihr Herd steht nicht weit weg von den Reisfeldern zwischen Novara und Vercelli, wo im März ausgesät wird und jene Sorten wachsen, mit denen Mamma Grazia ihren einmaligen

Risotto macht. Wer je davon aß, wird ein Leben lang danach süchtig sein.

Einen guten Risotto kriegt bald einer hin. Zur begehrenswerten Köstlichkeit wird das Gericht freilich erst durch die glückliche Übereinstimmung von drei Dingen: Moral, Handwerk, Reissorte. Erstgenanntes ist wichtig, weil ein Risotto immer à la minute zubereitet werden muss. Wird er vorgekocht und aufgewärmt oder warm gehalten, dann schmeckt er auch so, undelikat, müde und dumpf. Handwerkliches Talent ist vonnöten, damit der Risotto weder trocken noch zu breiig auf den Tisch kommt. Dickflüssig soll er sein und cremig, doch nicht pappig; das einzelne Korn muss noch Biss haben. Der Reis ist die Voraussetzung Nummer eins.

Promovierte Risottisten verwenden natürlich nur die vornehmsten italienischen Körner. Die heißen "Vialone nano" und "Carnaroli". Der halbfeine "semifino" Vialone nano hat dicke, runde Körner mit hohem Stärkegehalt. Er nimmt schätzungsweise die vierfache Menge seines Volumens an Flüssigkeit auf, ohne dass er klebrig wird. Der superfeine "superfino" Carnaroli ist länglich im Korn und bindet weniger Flüssigkeit, etwa knapp die dreifache Menge. Beide Qualitäten zeichnet aus, dass sie außen weich werden, doch innen lange den erwünschten festen Kern behalten.

Nun ist es ja kein Zufall, dass sich um den Risotto unendlich viele Geschichten ranken. Das hat zum einen mit den vielen Variationsmöglichkeiten zu tun. Zum anderen nähren sich die Legenden aus der simplen Tatsache, dass jeder Koch und jede Köchin den eigenen Risotto für den besten hält. Das ist natürlich Geschmackssache, darüber lässt sich streiten. Schwieriger wird die Diskussion, wenn Puristen am Tisch sitzen, die überhaupt nur eine Art gelten lassen, nämlich den Risotto bianco, zubereitet mit Geflügelfond sowie Parmesan. Der gilt wohl als die Hochform der Risotto-Disziplin, aber so religiös muss man das wirklich nicht sehen.

Der mit Safran und Ochsenmark angereicherte Risotto nach Mailänder Façon ist ebenfalls ein Klassiker, der die Magensäfte schon beim Gedanken daran sehnsüchtig schnurren lässt. Und selbstverständlich darf in einen Risotto die Phantasie des Kochs einfließen. Sei es, dass die Gewürznote variiert wird oder anstelle der Steinpilze und der Trüffel je nach Saison auch Erbsen, Muscheln, Spargel, pürierter Kopfsalat, Spinat und dergleichen Näschereien hineingemischt werden. Bei der das Aroma mitbestimmenden Zutat darf Kreativität gezeigt werden, sofern die Klarheit des Geschmacks erhalten bleibt, was heißt: Mischmasch ist verpönt, ein Risotto ist keine "Pizza mit allem".

Wichtig ist das Basisrezept, und das sieht laut Signora Grazia so aus, angelegt für vier Personen als Zwischengericht: Eine Kupferpfanne mit Knoblauch ausreiben, darin Olivenöl (etwa zwei Esslöffel) plus etwas Butter (einen Esslöffel) erhitzen und eine mittelgroße, fein gehackte Schalotte leicht dünsten (nicht braun werden lassen). Danach 200 Gramm Vialone nano (trocken, ungewaschen) dazugeben und unter sorgfältigem Rühren mit einem Holzlöffel sanft erwärmen, bis er zartglasig ist. Nun einen Thymianzweig hinzugeben, ferner 2,4 Deziliter Geflügelfond und den Reis unter ständigem Rühren quellen lassen. In manchen Rezepten wird empfohlen, den trocken eingerührten Reis, bevor die Brühe zum Einsatz kommt, mit trockenem Sherry abzulöschen. Das klingt nicht übel, aber Mamma Grazia hält nichts von solchen Anreicherungen. Sie löscht den Durst der immer noch nach Flüssigem gierenden Reiskörner mit weiteren 1,1 Deziliter Geflügelfond und sechs Zentiliter trockenem Weißwein guter Herkunft, wobei zu beachten ist, dass Brühe und Wein nicht auf einmal, sondern nach und nach dazugegeben werden sollen - unter ständigem Rühren, versteht sich.

Der Reis soll köcheln, die Brühe nur leise blubbern und stets knapp unterhalb des Siedepunktes gehalten werden. Zu viel Hitze schadet der Konsistenz wie dem Aroma. Und: rühren, rühren, rühren, auch wenn der Arm zu schmerzen beginnt. Nach insgesamt etwa 15 bis 18 Minuten ist der Risotto vom Biss her gut. "Und nun", so lächelt Signora Grazia, "nun rühren wir zügig 60 Gramm kalte Butterwürfelchen ein und schmecken mit Parmesan (natürlich frisch gerieben, etwa einen Esslöffel), Salz und ein bisschen weißem Pfeffer aus der Mühle ab." Wer will, kann den Risotto kurz vor dem Auftragen auch mit drei Tränen eines alten Marsala parfümieren.
Perfekt ist der Risotto gelungen, wenn er von dickflüssiger, kremiger Konsistenz ist - aber nicht so dick, dass der Holzlöffel darin stecken bleibt. Das einzelne Korn muss noch erkennbar sein und den berühmten Biss haben.

Seidig weich hat der ideale Risotto zu sein und die Reismasse muss glänzen wie das Fell einer Siamkatze. Tut er das? Wie schön, dann sollte der Risotto unverzüglich aufgetragen werden. Die Gäste sitzen schon am Tisch, wohl wissend, dass sie zu warten haben und nicht der Risotto, der frisch vom Herd am besten schmeckt.

Rum: Die Szene glich einem Tribunal. Ein Londoner Weinhändler hatte Freunde, allesamt Kenner, zu einer sogenannten Blindprobe mit edlen Bränden eingeladen und in die Reihe der alten Cognacs und Malt-Whiskys auch einen 15-jährigen Rum geschmuggelt, die "Gran Reserva" von Havana Club. Nur zwei der zwölf Teilnehmer orteten den Piraten korrekt als Rum; die anderen bewerteten ihn so hoch wie die besten Cognacs und Malts. Es urteilten, um dies nochmals zu betonen, Experten, nicht Sonntagstrinker.
Tatsächlich steht die außerkaribische Welt dem Rum, diesem heiteren Kind des Zuckerrohrs, mit tiefem Unverständnis gegenüber. Man ahnt, dass er für viele Drinks unentbehrlich ist, schätzt ihn als Grog oder im Tee, nimmt ihn zum Marinieren von Früchten und spritzerweise für Backwerk, aber kaum jemand weiß, wie gut ein

alter fassgelagerter Rum auch pur schmeckt. Der Abgang, also das, was der Fachmann als Nachklingen nach dem Schlucken bezeichnet, ist beim Rum zwar nicht sehr ausgeprägt. Dafür jedoch bietet erstklassiger Rum der Nase wie dem Gaumen einen Nuancenreichtum an Düften und Aromen wie nur wenige andere Spirituosen. Schuld an dem Missverständnis, Rum sei nur derb und erst in Verbindung mit anderen Produkten ein Wert, sind außer gewissen Seemannsliedern - Rum galt lange als der typische Matrosenschnaps - billige Verschnitte und vor allem ein Mangel an Aufklärung.

Rum ist naturgemäß nicht gleich Rum. Die regionale Herkunft ist ebenso geschmacksprägend wie der Stil des Brenners. Das Mikroklima und der Boden, in dem das Zuckerrohr wächst, ist in Kuba anders als auf Jamaika oder Haiti. Es ist ein Unterschied, ob Rum aus purem Zuckerrohrsaft oder aus Melasse, dem beim Zuckersieden übrig gebliebenen Sirup, gewonnen wird. Die Länge des Gärprozesses, die Wahl der Zutaten, die Qualität der Hefe, das Destillierverfahren, Art und Dauer der Lagerung haben großen Einfluss auf den Charakter und die Aromatik des Rums. Die Farbe entsteht durch die Lagerung in den Holzfässern oder durch die Zugabe von Zuckercouleur beziehungsweise Karamell.

Überwiegend wird das "Gold der Karibik" aus der Melasse gewonnen, einem dickflüssigen, dunklen Sirup, der bei der Zuckergewinnung übrig bleibt. Dieser hochsüße "Honig" wird erst mit Wasser verdünnt und dann mit spezieller hauseigener Hefe zum Gären gebracht. Durchaus üblich ist der Zusatz von Gewürzen (Vanilleschoten, Zimt, Nelken), Trockenfrüchten (wie Rosinen, Ananas) oder anderen Stoffen (Pfirsichblätter, Akazienrinde, Pflaumenextrakt) zur speziellen Aromatisierung des Rums. Jede Brennerei hütet ihre persönliche Würznote als Geheimnis.

Nach der Destillation ist der Rum farblos und geschmacklich roh. Nun entscheidet sich, ob er weiß bleiben oder braun werden soll. Grundsätzlich wird Rum in drei große Gruppen unterteilt:

1. Den weißen oder hellen Rum. Wird nach dem Brennen in Edelstahltanks gelagert, die keine Farbstoffe abgeben. Leichter Typ mit trockenem Aroma. Basis für Mischgetränke

2. Medium. Goldene bis hellbraune Farbe. Die dunkle Tönung kommt durch die Lagerung in Eichenholz - gebrauchte Fässer, bevorzugt solche, in denen vorher

Bourbon-Whisky reifte. Das Holz gibt Farbe ab, zugleich auch süßlich-gewürzige Aromen. Ideal für Cocktails, zum Marinieren von Früchten und zum Backen.

3. Dunkelbraun und schwer. Körperreicher Typ mit leicht süßlichen und gewürzigen Aromen. Lange Lagerung im Eichenholzfass. Tiefgoldene bis dunkelbraune Farbe. Auch pur ein reich nuancierter Genuss. Quasi ein naturgeborener Begleiter zur großen Havanna-Zigarre.

Erstklassiger Rum, vor allem in der goldfarbenen bis dunkelbraunen Kategorie, hat eine vielschichtige Aromatik. Je nach Herkunft finden sich darin Nuancen, die in Duft wie Geschmack an Honig erinnern, an Karamell, Vanille, Rosinen, auch an tropische Früchte, Gewürze, Leder, Tabak, Dörrpflaumen, Orangen und Schokolade.

S

⊢----- ***Safran:*** Wer das Liedchen vom Safran, der den Kuchen so appetitlich gehl macht, verfasst hat, muss ein argloser Küchenlyriker gewesen sein. Es stimmt schon, dass Safran den Speisen ein Goldgelb von jener intensiven Leuchtkraft verleiht, wie es auch von Heiligenscheinen gotischer Ikonenmaler prangt. Und das Gewürz

ist durch nichts zu ersetzen, will man eine Paella Valencia machen, eine provencalische Bouillabaisse oder ein Risotto alla Milanese perfekt hinkriegen. Aber bei Preisen, die je nach Marktlage und Gütestufe zwischen 3.000 und 6.000 Euro pro Kilo liegen, wird es sich jeder Koch gut überlegen, ob er nicht doch ein Ei extra nimmt oder sonst ein Hilfsmittel, um ein Gericht zu färben und zu würzen, als sei's Safran gewesen.
Der Safran verkörpert bis heute Wünsche und Phantasien. Bis in die Neuzeit hinein hat man Safran mit Gold aufgewogen, und wer protzen wollte, traktierte seine Gäste im Übermaß mit safranisierten Speisen und Getränken. Keine Pastete und kein Püree, kein Suppe, keine Sauce und kein Dessert kam ohne das Würzgold auf den Tisch. Fisch und Fleisch wurden damit parfümiert, das Huhn in Safranbrühe war ein Küchenklassiker des 18. Jahrhunderts. Im würzverrückten Mittelalter war ein Pfund Safran so teuer wie ein edles Pferd.

Die Mutterpflanze, eine Krokusart namens "Crocus sativus", stammt nach Ansicht von Botanikern aus Vorderasien, und zwar aus Kaschmir, wo heute noch beste Qualität geerntet wird. Weltweit den meisten Safran erzeugt Spanien, wo vor allem in der Region "La Mancha" zwischen Ende September und November, wenn die Safranpflanze millionenfach in hellem Violett erblüht, die Erntezeit mit der umständlichen Handarbeit beginnt. In Frankreich, Italien, Portugal, England, Persien und Griechenland wird ebenfalls Safran produziert, kurioserweise auch ein bisschen von ausgezeichneter Qualität in Mund, einem kleinen Ort im schweizerischen Oberwallis, wo Ende Oktober die Ernte beginnt.

Im Handel findet man Safran entweder gemahlen oder als Fäden im Ganzen. Der Umgang mit dem Pulver ist einfach, es wird direkt in die Speisen gestreut. Die Fäden müssen vor Gebrauch in heißem Wasser (oder Milch, wenn es zum Rezept passt) eingeweicht werden. Einen konzentrierten Sud gewinnt man, indem die Fäden in einer heißen Pfanne ohne Fett kurz erhitzt, dann in einem Mörser zerstoßen und mit wenig kochender Flüssigkeit aufgefüllt werden. Nach etwa 20-minütiger Ziehzeit ist der Safran-Extrakt fertig und kann der gewünschten Speise zugesetzt werden. Ob man die ausgelaugten Fäden mit hineintut, ist eher eine Frage des Dekors.
Wo Profit lockt, sind die Erzschelme nahe. Es wird also

nicht verwundern, dass beim Safran die Versuchung stets groß war und ist, mit Mogeleien schnelles Geld zu verdienen. Schon früher haben Fälscher mit Färberdisteln, Kreide oder gestoßenen Ringelblumen das Safranpulver gestreckt. Fäden sind durch Schmalz oder Öle schwerer gemacht worden. Heute sind die Fälscher nicht weniger phantasievoll. Legal ist es beispielsweise, dem Safran auch Blütenreste sowie Griffel zuzusetzen. Beim spanischen "Coupé", der besten Qualitätsstufe, ist ein Zusatz von bis zu fünf Prozent Blütenresten erlaubt. Der "Mancha" kann bis zu sieben Prozent Blütenreste und 20 bis 25 Prozent Griffel enthalten. Die nächstbeste Stufe nennt sich "Rio", gefolgt von "Sierra". Bei Analysen hat man im Safran auch schon getrocknete Rindfleischfasern gefunden. Arglosen Touristen wird in der Türkei wie in den Mittelmeerländern nicht selten Kurkuma (das ist pulverisierte Gelbwurz) als Safran zum "Supersonderpreis" untergeschoben. Unter "Safron" wird billig ein Pulver verkauft, das aus den Blütenständen der Passionsblumen gewonnen wird und farblich dem Safran ähnelt, doch niemals über dessen Eigenschaften verfügt.

Das von Mythen umrankte Gewürz gilt bis heute als Aphrodisiakum. Zeus soll sich mit Safran parfümiert haben.

Gegenüber den Safranorgien früherer Zeiten wird das Gewürz heute gezielter eingesetzt. Seine Bedeutung als Färbemittel hat es verloren, aber in der gehobenen Küche gibt es für Safran nach wie vor keinen Ersatz. Spitzenköche verwenden das Gewürz gerne für Fischsaucen. Und himmlisch schmeckt die fein mit Safran parfümierte Entenconsommé chinoise von Dieter Müller im Schlosshotel Lerbach; diese Essenz weckt Tote auf, dem Safran sei Dank.

⊦----- ***Salat:*** Es rüschelt und kräuselt der Lollo Rosso. Skurril spreizt sich der Löwenzahn, während der Batavia die weiche Linie vertritt und der Radicchio sich in Rottönen gefällt bis hin zum plakativen Kardinalspurpur. Vereint man alle diese Stars zu einem Ensemble, eventuell ergänzt durch etwas bitterwürzigen Rukola, in Frankreich als Rougettes bekannt, so reicht das schon für ein Salatbukett von delikater Raffinesse, aber natürlich kann man es in dieser Küchendisziplin noch viel toller treiben, beispielsweise mit neuen Salatzierden wie dem schlicht auftretenden, auch Lattich genannten Römersalat oder dem postmodern verspielten Eichblattsalat. Die Zeiten sind längst vorbei, in denen der brave Kopfsalat die Szene dominierte.

Selbstverständlich ist auch die Endivie, die gute Alte, nicht zu verachten. Im Verein mit ziemlich weich gekochten, unbedingt lauwarm angerichteten Kartoffeln und einem reichlichen Hauch Knoblauch ergibt sie einen Salat von köstlicher Vulgarität. Und der Rapunzel, der auf manchen Bergwiesen zwergenklein bis in den Mai hinein wächst, lässt sich an nussigem Aroma von keinem neumodischen, langblättrigen Feldsalat überbieten.

Wer Salat geringschätzig nur als Grünfutter abtut, ist ein kulinarischer Ignorant und sollte lesen, wie schwelgerisch Giacchino Antonio Rossini, der Meister der italienischen Oper, in einem Brief an seine Geliebte Isabella Colbran eine von ihm komponierte Salatsauce beschrieben hat: "Nehmen Sie Olivenöl aus der Provence, englischen Senf, französischen Essig, ein wenig Zitronensaft, Pfeffer und Salz. Das alles tüchtig verrühren und gut vermischen. Einige Trüffel dazugeben, die Sie sorgfältig in dünne Scheiben geschnitten haben. Die Trüffel verleihen der Würze so etwas wie einen Heiligenschein, um ein Leckermaul in Ekstase zu versetzen." Rossini fügt mit koketter Selbstironie an, von einem ob der Sauce entzückten Kardinal den "apostolischen Segen" empfangen zu haben.

Andererseits bedürfen Salate nicht der trüffeligen Extravaganz. Es gibt tausenderlei Varianten zur Inszenierung ebenso leckerer wie schicker Tafelfreuden. Seit selbst der biederste Wochenmarkt ein buntes Salatprogramm anbietet, vom kalifornischen Eisbergsalat über die intensive Rauke und die pikante Brunnenkresse bis zum wiederentdeckten Lollo Rosso nebst dessen grünem Vetter, dem geschmacklich nahezu identischen Lollo Bianco, kann man den Salat farblich auf die Kleidung seines Gegenübers abstimmen oder sonstwie nach modischen und auch emotionalen Aspekten komponieren. Die früher übliche Norm des schlichten Grüns ist durchbrochen. Heute schwelgt der Salat-Afficionado je nach Anlass und Stimmung in Rosa-Lila oder barock in Gelb-Grün-Rot.

Regel Nummer eins: Salat bitte nie, wie es in österreichischen und auch süddeutschen Haushalten und Gasthöfen leider allzu oft Brauch ist, in Essigfluten versinken lassen. **Regel Nummer zwei:** nicht kunterbunt kräutern und würzen, sondern sich mit Bedacht auf ein, maximal zwei Kräuter beschränken und auch bei den Gewürzen haushalten. Regel Nummer drei ist uralt und stimmig wie vor 100 Jahren: den Essig handhaben wie ein Geizkragen, das Öl hingegen wie ein Verschwender, würzen wie ein Philosoph und das Ganze minutenlang mischen wie ein Narr. Nicht besonders erwähnt zu werden braucht, dass die Klasse des Salats nicht nur vom Rohprodukt abhängt, sondern auch durch Art und Qualität von Essig und Öl bestimmt wird: Himbeeressig wirkt anders als Balsamico, Olivenöl schmeichelt den Blättern anders als etwa Rapsöl oder Kürbiskernöl.

Wann man den Salat serviert, ob als Vorspeise, ob zwischendrin anstelle des lange Jahre modisch gewesenen Sorbets, ob nach dem Menü zum Käse oder ob man ihn überhaupt als Solonummer anlegt, begleitet - je nach Salattyp - von einem frisch gebackenen Baguette oder kernig-herzhaftem Roggenbrot, ist eine Sache der persönlichen Entscheidung, die man entweder spontan trifft oder gastronomisch wohlüberlegt. Ein guter Salat ist niemals deplatziert - und gut ist er, ja vollkommen, wenn er die Zunge kitzelt, ohne zu brennen, den Gaumen erfrischt, ohne zu kratzen, den Magen anregt, ohne zu überreizen. So haben es jedenfalls um die Jahrhundertwende die Autoren des Appetitlexikons definiert. Alles Salat, das kann auch bedeuten: alles paletti.

⊦----- ***Salz:*** In der einfachen Gastronomie stehen Salz- und Pfefferstreuer auf dem Tisch. Anders sieht es in der gehobenen Restaurantszene aus, da sind Salz und Pfeffer die Ausnahme, von Geschmacksverstärkern à la Maggi ganz zu schweigen. Warum? Top-Köche sind nun mal der Ansicht, dass ihre Speisen perfekt aromatisiert sind und keiner Nachwürze bedürfen. Weil der Würzfaktor individuell ist, manch einer seine Speisen pikanter mag, als vom Küchenchef komponiert, ist es selbstverständlich kein Problem, sich auch im feinsten Gourmetlokal Salz und Pfeffer an den Tisch bringen zu lassen - beides obligatorisch in der Mühle, und wenn man Glück hat, gibt es das Fleur de Sel, die "Blume des Salzes", das edelste Salz, kristallin und mit der Hand geschöpft.

Niemand weiß, ob die Götter im Olymp feinschmeckerisch speisten, aber bekannt ist ihre Wertschätzung für Salz. Sie bestanden strikt darauf, dass die ihnen dargebrachten Opfer angemessen gesalzen waren, was wohl Homer motivierte, Salz als ein göttliches Gewürz zu preisen. Der Volksmund, der ja bekanntlich überall dort mitspricht, wo es um die wahrhaft elementaren Dinge menschlichen Lebens geht, misst dem Salz eine außerordentliche soziale Bedeutung bei durch die - von Goethe übrigens literarisch sanktionierte - Erkenntnis, dass man erst einen Scheffel Salz mit jemandem gegessen haben müsse, um ihn wirklich gut zu kennen. Salz diente in früheren Zeiten als Zeichen der Treue zur Besiegelung von Bündnissen. Das Ausschütten des Salzes hingegen wurde als Zeichen des Verrats und der Aufkündigung der Freundschaft gedeutet - auf da Vincis "Abendmahl" hat Judas gerade das Salzfass umgestoßen! Der Lateiner sagt "cum grano salis", wenn in einer Geschichte zumindest ein Körnchen Wahrheit steckt. Salz ist ein Grundstoff des Lebens und das älteste Gewürz der Welt.

Der menschliche Körper braucht Salz; wie hoch dieser Bedarf ist, darüber streiten die Mediziner heute heftiger denn je. Groß sind auch die qualitativen wie geschmakklichen Unterschiede, und dies nicht nur zwischen den einzelnen Arten, sondern auch innerhalb einer Sorte. So erfreulich sich die in den letzten zehn Jahren dramatisch gewachsene Salzkultur darstellt, so problematisch ist diese neue beziehungsweise neu vermarktete Vielfalt auf der anderen Seite. Denn die Güte hält keinesfalls Schritt mit der Vielfalt des Angebots. Neben Steinsalz, Meersalz, Diätsalz, Salinensalz, jodiertem Speisesalz und Tafelsalz gibt es Himalayasalz, Meersalz mit Algen, Rotweinsalz, das mit Vulkanerde mineralisierte und entsprechend rötliche Hawaiian Alea Salt und schließlich - als Haute Couture, exklusiv, teuer und ebenso unterschiedlich wie die einzelnen Modestile - das Fleur de Sel, die kristallinen Salzblumen aus dem Meer. Offen ist, ob dieser Überfluss den direkten Weg zur sinnvollen Nutzung in der Küche weist oder nicht doch eher in die Irre führt.

Den blumigen Werbebotschaften ist naturgemäß so wenig zu trauen wie manch flott geschriebenem Artikel, in dem der neue Kult ums Salz so innig besungen wird wie vor Jahren der Balsamessig. Der eine Schreiber jubelt das englische "Maldon Sea Salt" zum besten Salz der Welt hoch, für einen anderen ist das sizilianische "Soffi di Sale", das bretonische "Guérande", das Flor de Sal "Rui Simeao" von der Algarve oder das aus der südfranzösischen Camargue das salzige Nonplusultra - alles in die Kategorie Fleur de Sel gehörend und jedes wirklich hochklassig, nämlich delikat duftend, feinwürzig im Aroma, kristallin glänzend, nur: Gibt es das überhaupt, das beste Salz der Welt? Nein, Superlative sind wohl ein Kind des Zeitgeists, doch jedes Salz, notabene jedes gute Salz, ob vom Berg oder aus dem Meer gewonnen, hat seinen speziellen Würzcharakter und es liegt am individuellen Geschmack und am Anlass, welche Sorte man wählt.

Ein weiches Ei erhält ebenso wie ein großzügig gebuttertes Brot durch knuspriges Fleur de Sel die kulinarische Weihe. Ideal ist es auch für Carpaccio, Gemüse und Gänseleber wie überhaupt zum direkten Salzen von Steaks, gegrilltem Fleisch, Roastbeef und rohem Fisch. Das Hawaian Alaea Salt eignet sich vorzüglich zum Würzen von Saucen, Suppen, Marinaden sowie Grilladen. Mit einfachem Meersalz lassen sich Salate verfeinern, wohingegen für Salzkartoffeln, Nudeln, Schmorsaucen, Suppen und dergleichen Kochgüter auch ein einfaches Salinensalz dienlich sein wird. Was ist Fleur de Sel? Gewonnen wird es an Meeresküsten in Handarbeit hauptsächlich im Sommer bei günstigen Wetterbedingungen, also wenn Windströmung, viel Sonne und niedrige Luftfeuchtigkeit so günstig zueinander stehen, dass sich in den flachen Salzgärten oberhalb des festeren salzigen Unterbaus eine erste feine Kruste in Form von unterschiedlich geformten Kristallen bildet - die Blume -, die mit langen Rechen vorsichtig abgeschöpft wird.

Weil infolge der Popularisierung längst nicht jedes als "Fleur de Sel" etikettierte Salz auch wirklich eines ist - nach Ansicht von Fachleuten wird weit mehr von diesen Salzblumen verkauft als geerntet -, bedarf es schon eines Navigators beziehungsweise vertrauenswürdigen Händlers, um auf sicherem Weg zum besten Salz zu kommen und dabei nicht wie die Butter auf der heißen Kartoffel umherzuschlittern. Echtes Fleur de Sel ist von feiner, geradezu zerbrechlicher kristalliner Struktur und lässt sich leicht zwischen den Fingern zerbröseln. Es duftet zart, ganz zart nach Meer, Algen, je nach regionaler Herkunft auch ätherisch nach Veilchen. So paradox es klingen mag: Fleur de Sel schmeckt nicht vordergründig, gar aggressiv oder ordinär salzig, sondern eher mineralisch und ist von jenem nahezu transparenten Aroma, das über die Würzkraft hinaus den Eigengeschmack der Speisen auf fast mystische Weise verstärkt.

Für seine Liebhaber ist Fleur de Sel der Diamant unter den Salzen, auch als Sahne des Salzes gepriesen und zur Göttin des Salzes poetisch erhöht, weshalb es ästhetisch korrekt und seinem Würzwert entsprechend in kleinen Schälchen aus Glas oder Porzellan auf den Tisch gestellt wird.

|----- ***Salzburger Nockerln:*** Wenn es um die legendären Salzburger Nockerln geht, kapitulieren nicht nur die Österreicher vor der Macht des Süßen. Dieser deliziösen Kreation vermag kein Mensch mit gesunden Sinnen zu widerstehen. Wer diese entzückende Köstlichkeit erfunden hat, weiß man nicht. Angeblich war es Salome Alt, die "Mesalliance" des Salzburger Erzbischofs Wolf Dietrich von Raitenau, die sich mit ihrer Kreation aus Ei und Zucker sogar das reizende Lustschloss Mirabell erbacken hat. Manche Volkskundler lehnen diese These mit der Begründung ab, in der Renaissance habe es noch keine Öfen mit Oberhitze gegeben, doch gibt es wiederum Köchinnen, denen gelingen die schönsten Salzburger Nockerln auch in der Pfanne auf dem Herd.

Die Rezeptur der Madame Alt ist nicht bekannt, aber der Eröffnungszug wird wohl so gelautet haben: "Man schlage das Eiweiß mit Zucker zu Schnee." Dieser Satz leitet alle Nockerln-Rezepte ein, wobei erfahrene Patissiers raten, den Schnee fest, doch nicht zu flockig zu schlagen, weil die Nockerln sonst rasch zusammenfallen. Außer präzisen Handgriffen ist ein kalter Schneekessel für das Gelingen wichtig.

Für drei große Nockerln, die sechs Naschkatzen erfreuen, werden sieben Eiklar, 100 Gramm Kristallzucker, zwei Eidotter, 20 Gramm glattes Mehl, ein Esslöffel Vanillezucker sowie etwas Butter und Staubzucker benötigt: Das Eiklar unter ständiger Zugabe von Zucker zu Schnee schlagen. Vanillezucker und Eidotter einrühren, das Mehl behutsam unter die Masse mengen. Nun eine wannenförmige, feuerfeste Platte mit Butter bestreichen, die Schaummasse in Form von drei Haufen (Nockerln) daraufsetzen und im vorgeheizten Backrohr bei 200 Grad Celsius etwa neun Minuten lang backen. Mit Staubzucker bestreuen und sofort servieren.

Bei einer anderen Variante werden 50 Gramm Butter, ein Deziliter Süßrahm und zehn Gramm Vanillezucker zu einer Sauce aufgekocht und in ein backfestes Geschirr gegossen. Dann werden vier Eidotter mit 60 Gramm Mehl, zehn Gramm Vanillezucker und zwei Esslöffeln Wasser gut miteinander verrührt. Damit vermischt man den aus acht Eiklar mit 60 Gramm Kristallzucker geschlagenen Schnee, formt Nockerln und backt sie im heißen Backrohr bei 200 Grad neun Minuten lang goldbraun. Klassisch werden Salzburger Nockerln mit einer Vanillesauce angerichtet, doch spricht nichts gegen ein Preiselbeerkompott als Beilage.

Desserts haben es schwer. Sie werden in der Regel am Schluss serviert, wenn so mancher Esser schon satt ist. Aber im Gegensatz zu opulenten Süßspeisen vermögen Salzburger Nockerln noch den Appetit zu wecken, die Sinne zu verführen und sie schließlich zu bezaubern. Das ist die angewandte Kunst der Verführung.

|----- ***Sandwich:*** Es gibt Momente, in denen selbst der gewiefteste Gourmet, weil auf Reisen oder in Eile, zum Sandwich greift, einem Hochstapler, doch einem mit Innenleben und nach Woody Allen eine wohltätige Kreation, weil es die Menschen von der warmen Küche erlöst. Jedenfalls lässt sich ein Sandwich auf entzückend einfache Weise zubereiten und verspeisen, was die beiden Gründe für seine Beliebtheit als gefragtestes Brot weltweit sein dürften. In London wie in den USA bieten Delikatessläden um die 100 und mehr Sorten an.

Von Haus aus ist das Sandwich ein gemütlicher, rustikaler Vetter des noblen Kanapees, das mit seinem Durchmesser von circa 2,5 Zentimetern vorzugsweise bei Stehempfängen grazil mit Daumen und Mittelfinger angefasst und mit einem Happs in den Mund befördert wird. Die erste Aufgabe des Sandwichs ist das faxenlose Stillen des Hungers. Zweitens erlaubt es den Verzehr ohne jegliches Besteck. Ins Sandwich beißt du herzhaft hinein, wie es John Montague, Vierter Earl of Sandwich, wohl getan hat, als er, ein moralisch ziemlich dubioser Haudegen, um ein 24 Stunden währendes Kartenspiel im Londoner Hellfire Club nicht unnütz zu unterbrechen, zwei Scheiben Roastbeef orderte. Weil der Lord weder Finger noch Karten fettig machen wollte, ließ er der Überlieferung nach das mit Mayonnaise bestrichene Fleisch zwischen zwei oder drei Scheiben Weißbrot packen. Das geschah in der Nacht vom 6. auf den 7. August 1762; diese Tat läutete die Geburtsstunde des Sandwichs ein, dem späteren Urahn von H und Verwandten.

Die Basis eines klassischen Sandwichs ist ein entrindetes, sehr dünnes weißes Kastenbrot, das in Dreiecke oder Rechtecke im Umfang von sechs mal vier Zentimetern geschnitten wird. So historisch korrekt wird das längst nicht mehr in allen Küchen gesehen. Heute werden

Fleisch, Fisch, Käse und Gemüse mit Saucen, Kräutern und Gewürzen zwischen vielerlei Brotarten gepackt und als Sandwich angeboten. In Frankreich stößt man auf das kugelige "Pain bagnat", eine Art gefülltes Monsterbrötchen. Unter dem Titel "Continental Sandwiches" segeln global die fingerdick mit Salaten, Mayonnaise, Schinken, Käse oder Thunfisch belegten Baguettehälften, auch Torpedo genannt.
Zu filmischen Ehren gelangte das Pastrami-Sandwich, an dem sich Meg Ryan im New Yorker "Katz"-Deli delektierte und sich dabei zu ihrem ebenso berühmten wie epochalen Höhepunkt hochstöhnte, was einen Tisch weiter eine Frau animierte, genau dieses Gericht zu ordern. Unter dem ursprünglich jüdischen Pastrami wird in den New Yorker Feinkostläden - kurz Deli genannt - ein Sandwich mit gekochtem, magerem Rindfleisch, trocken gepökelt, eingerieben mit Salz und einer Würzpaste aus Knoblauch, Kreuzkümmel, Pfeffer, Zimt und Koriandersamen serviert. Das bislang teuerste Sandwich hatte Jean-Christophe Novelli 2003 anlässlich der Messe "Vive La France" in London als unverkäuflichen PR-Gag entworfen, bestehend aus Brot nach einem Backrezept aus dem 14. Jahrhundert, ungesalzener Butter aus der Vendée-

Region und einer Marmelade aus Johannisbeeren, deren Samenkörner vor dem Einkochen mit einer Gänsefeder herausgefegt worden waren. Der Preis für diesen Prototyp: 486 Euro, willkürlich festgelegt, aber ausreichend, um journalistisch international gewürdigt zu werden.

Der Variationsbreite des Sandwichs sind keine Grenzen gesetzt, außer jenen der Harmonielehre vom guten Geschmack. Das populärste Exemplar ist das Club-Sandwich, von Legenden umgeben und ein Klassiker auch der Grand-Hotellerie: 20 Zentimeter breiter Toast, in Dreiecke geschnitten, dreistöckig gefüllt mit Schinken, Hähnchenbrust, Eisbergsalat, Tomaten, Ei und Mayonnaise, zusammengehalten durch einen Cocktailstick und flankiert von Olive sowie Gewürzgurke nebst Pommes frites. Die Klassiker haben längst Konkurrenz bekommen in Form raffiniert gestylter Zeitgeistprodukte wie Avocado mit Mozzarella, Ziegenkäse mit rosa Pfeffer, Lachs mit Honig, Kichererbsen und Zucchini, Fenchelsalat mit feinst geschnittener Wurst. Das Leitmotiv der neuen Sandwich-Kultur lautet: oben nichts, unten nichts - außer Brot natürlich -, aber dazwischen viel Design.

Senf: Marcel X. Boulestin, berühmt als Koch und Autor von Kochbüchern ("Merkur in der Küche" von 1937 im H. Goverts Verlag) hatte einen neuen Oberkellner fristlos entlassen, weil der einem Gast zum Entrecôte englischen Senf gereicht hat. Diese Geschichte hat eine doppelte Moral: Erstens kann man als Ober gar nicht umsichtig genug sein. Zweitens muss man für jede Speise, die Senf verlangt, die richtige Sorte wählen. Französischer und englischer Senf sind so grundverschieden wie die beiden Völker.

Klassischer englischer Senf, meist mit Cayennepfeffer angerührt, ist robust und scharf. Er schmeckt etwas naiv, ist jedoch von ungekünstelter Natürlichkeit und ein angemessener Partner zu Roastbeef, gegrilltem Steak und Schinken. Very hot und dabei fruchtig schmeckt das berüchtigte Senfpulver namens "Colman's Mustard Powder", eine höllisch scharfe Mixtur. Französischer Senf ist milder und vielschichtiger in der Aromatik, ideal für Saucen und die Bereitung von Senfbutter, wie sie am Frühstückstisch die grauen Gehirnzellen aufzumuntern weiß, sollten die von zu viel Alkohol etwas lahm arbeiten. Pythagoras, der ja zu den ganz Gescheiten zu zählen ist, konstatierte bereits ein halbes Jahrtausend vor Christus, dass Senf den Verstand anrege.

In Sachen Senf gibt es viel zu berichten von Ägyptern, Griechen und Römern sowie den alten Medizinern und deren Glauben an die heilende Wirkung von Senf bei allerlei Gebrechen. Unsere Kulturahnen haben den Senf auch genutzt, um ihre Sinnesreize zu kitzeln, doch seither hat sich der Konsum von Senf gewandelt. Während man früher noch die Körner kaute, kommt der auch Mostrich genannte Senf heute als fertige Paste auf den Tisch, glatt oder körnig, mild oder scharf, sauer oder süßlich, verfeinert und angereichert auf mannigfache Weise. Aber man kennt auch die Redensart vom "langen Senf machen" als Kritik an überflüssigem Geschwafel, also genügen für die praktizierte Kunst des Frühstücks einige dienliche Hinweise auf wesentliche Sorten.

Unter Standardsenf versteht man eine Mischung aus gemahlenen gelben sowie schwarzen Senfkörnern mit Essig, Wein, Most oder Wasser nebst Salz, Zucker oder Honig, Gewürzen, Kräutern und Aromastoffen. Um die satte gelbe Farbe zu erhalten, wird gerne Kurkuma

(Gelbwurz) beigemengt, alternativ auch bescheidenere und billigere Farbstoffe. Bei industriell fabriziertem Senf gehen etliche natürliche Aromen verloren, auch Schärfe, sodass dem Senf vielfach Meerrettich und weitere Würzstoffe zugesetzt werden. Aus dem burgundischen Dijon, der Welthauptstadt des Senfs, stammt der populärste französische Moutarde. Senf war in Frankreich stets eine ernste Angelegenheit. Über die Rezeptur des klassischen Dijon-Senfs gibt es unterschiedliche Auslegungen, einig sind sich die Autoren in der Aussage, dass er aus dunklen Senfkörnern und mit frischem Traubenmost angesetzt wird. Der "Mustum ardens", der "brennende Most", gab Dijon sein Renommee und dem Moutarde, Mustard, Mostrich oder Mostert seinen Namen.

Eine der bekanntesten grobkörnigen Sorten ist der Moutarde de Meaux. Dunkler als der Dijon und milder mit sanfter Süßenote ist der Bordeaux-Senf. Mild und hell schmeckt der Florida- oder Champagnersenf auf der Basis von Wein. Sehr mild ist der knallig gelbe amerikanische Senf, der auch als süße Variante im Umlauf ist. Black mustard heißt die englische Spezialität von Wilson's. Melasse und Malzessig geben dem Senf seine fast schwarze

Farbe und den kernigen malzigen Geschmack. Pikant und scharf schmeckt der Dijon-Senf von Maille, den es in diversen Abwandlungen gibt. Dass sich mit Senf vieles anstellen lässt, zeigen die zahlreichen Variationen mit Whisky, Tomaten, Zitrone, Honig, Feigen, Knoblauch, Zimt, Blauschimmelkäse, kandierten Früchten, Kräutern und Gewürzen bis hin zu rotem Weinmost.

Nationaler Marktführer bei den scharfen Senfen ist Düsseldorf mit dem auf Dijon-Art zubereiteten Löwensenf. Die Österreicher lieben den aromatischen, eher mildwürzigen Estragonsenf. Auf pikante Weise süßlich ist der bayerische Weißwurstsenf aus grob geschroteten Senfkörnern und vermengt mit Wasser, Essig, Salz, Zwiebeln, Nelken, etwas Jamaika-Piment, Muskat und weiteren geheim gehaltenen Zutaten plus - damals die große Neuerung und das Geheimnis - karamelisiertem Zucker. Johann Conrad Develey war 1854 diese geniale Kreation gelungen, die sich bald zum unbestrittenen Partner der Weißwurst entwickelte, die jedem Frühstück eine Atmosphäre gediegener Zufriedenheit verleiht.

Ein Tipp: Rotweine, die überaltert sind oder korkig, sollte man nicht entsorgen, sondern versenfen, und das geht so: Wein mit etwas Zucker in einem Topf auf etwa ein Zehntel einköcheln, bis eine schmierige Konsistenz erreicht ist. In die rührt man Senf hinein - scharfen, milden, würzigen, aromatisierten, je nach persönlichem Geschmack.

⊢----- ***Serviette:*** Im Restaurant liegt die Serviette aus Tuch, mehr oder weniger kunstvoll drapiert, auf dem Platzteller. Der Gast nimmt sie, entfaltet sie und legt sie auf seine Oberschenkel. Die Serviette soll die Kleidung schützen, dient aber auch dazu, sich den Mund abzutupfen. Dies ist speziell dann sinnvoll, wenn man zwischendurch zum Weinglas greift. Verlässt der Gast den Tisch, legt er die Serviette entweder auf seinen Stuhl oder lokker gefaltet links neben das Gedeck; in guten Häusern wird ihm beim Wiederkommen eine neue Serviette angeboten. Nach Beendigung des Essens wird die Serviette auf dem Tisch abgelegt und vom Service entfernt.

⊢----- ***Sommelier:*** Leihwort aus Frankreich für den Weinkellner, den Mann, der für die Getränke zuständig ist. Als weibliche Form hat sich Sommelière eingebürgert. Als Standeszeichen dient entweder ein - um den Hals gehängtes - silbernes Kostschälchen (Tastevin genannt) oder am Revers eine Brosche in Form einer goldenen Weintraube. Seine heiligste Aufgabe ist die Beratung bei der Wahl des Weins. Er hat sich bereits über das Menü informiert und weiß, welche Weine ideal zu welchem Speisengang passen. Nun muss er freilich herausfinden, welche Vorlieben der Gast hat und in welcher Preislage er Empfehlungen abgeben kann. Der Gast sollte seinerseits möglichst präzise definieren, welche Art Wein er mag: rot, weiß oder rosé, deutsch, französisch, italienisch, Übersee, ob leicht oder schwer. Ein guter Sommelier wird mehrere Vorschläge unterbreiten, zugleich diskret auf die jeweiligen Preise in der Weinkarte deuten und so dem Gast die Möglichkeit zu einer Entscheidung bieten. Hat man den Eindruck, dass der Sommelier einem nur Teures verkaufen will, sollte man auf dessen Dienste dankend verzichten, das Restaurant kurz verlassen und einen Freund anrufen, der etwas von Wein versteht, und den um Rat fragen.

Eine Selbstverständlichkeit ist, sollte es sein, dass der Sommelier den Wein auf eventuelle Fehler wie Korkkrankheit überprüft, ehe er die Flasche zum obligaten

Verkosten an den Tisch bringt. Eine weitere wesentliche Aufgabe ist das Dekantieren, das Umgießen des Weins von der Flasche in eine Karaffe. Dafür gibt es zwei Hauptgründe: 1) Das Depot. In Rotweinen hoher Qualität (speziell Châteauweine aus Bordeaux, erstklassige Burgunder, Barolos aus Piemont) entwickeln sich im Laufe der Jahre trübe Stoffe. Diese aus Farbpigmenten, Säuren und Mineralien gebildeten Trübstoffe sinken auf den Flaschenboden und ergeben das sogenannte Depot. Der Sinn des Dekantierens liegt nun darin, den Wein vor dem Trinken sauber vom Depot zu trennen. 2) Die forcierte Reife. Rotweine, die noch nicht auf ihrem Höhepunkt sind, also zu jung, verfügen in der Regel über viel Gerbstoffe (Tannin). Sie sind noch verschlossen, schmekken leicht bitter, wirken adstringierend - der Volksmund nennt das "pelzig". Durch den Kontakt mit der Luft werden die Weine weicher.

Bei Weißweinen geht es nicht ums Depot, sondern um die Förderung der Aromatik. Sinnvoll ist das Dekantieren bei wuchtigen Weißweinen, die durch den kurzen und intensiven Luftkontakt aufblühen: etwa Chardonnays, die in Barriques angebaut worden sind, ferner hochklassige

Grüne Veltliner der Gütestufe "Smaragd", weiße Bordeaux-Gewächse sowie Weißweine von der Rhone (Hermitage, Condrieu). Auch Grauburgunder, Traminer und Sauvignon blanc bester Herkunft tut eine kurze Sauerstoffdusche gut.

|----- ***Sorbet:*** Es gilt als ideales Dessert für alle, die eigentlich keines essen wollen: das Sorbet. Das ist ein eisiges Fast-Nichts, ein Hauch von kühlendem Geschmack, eine finessige Mixtur aus Wasser, Zucker, Früchten und eventuell Alkohol zur aromatischen Parfümierung. Altgriechische Köche haben Schnee vom Olymp mit Honig, Veilchen, Rosenwasser, Zimt und Früchten zum Halbgefrorenen verrührt. Ein gewisser Simonides von Keo beschreibt in einem 2.500 Jahre alten Gedicht, dass als Höhepunkt eines üppigen Athener Gastmahls gefrorener Fruchtsaft serviert worden sei. Die Perser verliebten sich in diese antike Delikatesse und nannten es "Sherbet".

Der in den Gründerjahren der Grande Cuisine anfangs des 19. Jahrhunderts in Frankreich und zunehmend ab Mitte des 20. Jahrhunderts in der gehobenen Gastronomie geübte Brauch, das Sorbet nicht nur als erquicken-

des Dessert aufzutischen, sondern es mitten im Menü vor dem Hauptgang zu servieren, um so Leib und Geist für Fleisch, Käse und Nachtisch zu erfrischen, ja geschmacklich zu reinigen, hat an Bedeutung verloren, seit die Menüs in der Regel nicht mehr so viele Gänge umfassen wie in der Nouvelle Cuisine. Stattdessen serviert man als Menüteiler lieber ein bisschen Salat, ein kleines gemüsiges Ragout oder ein Tässchen Consommé - heiß im Winter und geeist im Sommer.
Unsterblich sind die Sorbets als Dessert, denn mit ihren zartpastelligen Farben und dem subtilen Fruchtgeschmack sind sie schön anzusehen und obendrein ein kühler Genuss der schwerelosen Art.

⊢----- ***Speisekarte:*** Die Visitenkarte des Kochs. Sie gliedert sich kapitelartig in Vorspeisen, Hauptgänge und Desserts; weitere Unterteilungen können Suppen und Fische sowie Meeresfrüchte beinhalten. Extra werden fertige Menüs mit unterschiedlich vielen Gängen angeboten.

Ganz genau weiß man es nicht, aber es heißt, 1489 sei das Geburtsjahr der Speisekarte. In diesem Jahr ist nämlich den Teilnehmern einer fürstlichen Schmauserei in

Regensburg ein "Zedel" vorgelegt worden, auf dem stand, was alles aufgetischt werden würde. Das handgeschriebene Menü erregte insofern Aufsehen, weil man des bis dahin geschätzten Überraschungseffektes enthoben war und seinen Appetit für die "besten Trachten", so nannte man damals die einzelnen Gänge, sparen konnte.

Vermutlich hat es früher schon Menükarten gegeben, doch aktenkundig ist halt der "Zedel" von 1489. Speisekarten sind ja nicht nur geschriebene Küche, sondern auch ein geschmackvolles Stück Kulturgeschichte und darüber hinaus ein Wertmaß für kulinarische Qualität. Im Essen und Trinken spiegelt sich stets das Zeitgefühl: bombastisch im alten Rom, überwürzt im Mittelalter mit seinen kapitalen Fleischbergen, überladen im Barock, verspielt im Rokoko, aufregend neu im 19. Jahrhundert, dem Geburtstag der Grande Cuisine, opulent nach dem Zweiten Weltkrieg, qualitätsbetont und global in unserem Jahrhundert.

"Ich werfe nur einen Blick auf die Speisekarte", sagte vor 150 Jahren der Baron Eugen von Vaerst, ein berühmter Gastrosoph, und das genüge ihm, um zu wissen, ob "ich essen will oder schon satt bin". Das gilt auch fürs Heute. Naturgemäß hat man als Gast keine Röntgenaugen, um durch Mauern hindurch beobachten zu können, ob der Koch mit frischen Produkten arbeitet oder mit Fertigware. Um das Risiko zu mindern, genügt jedoch ein Blick auf die Speisekarte, denn da gibt es besondere Kennzeichen, die verraten, ob ein Gerechter oder ein Schlamper am Herd steht:

1) Die Speisekarte ist viele Seiten lang; ein Indiz, dass die meisten Gerichte schon fertig sind und nicht frisch zubereitet werden.

2) Standardsuppen; umfasst das Angebot nur Gulaschsuppe, Bouillon mit Ei, serbische Bohnensuppe, kann man von einer geringen Eigenleistung der Küche ausgehen.

3) Exotische Namen; wimmelt es von pompösen "Haremstöpfen", "Salat Erotica", "Steak à la Madison Avenue", so ist höchste Vorsicht geboten. Das ist Chichi-Küche mit Resteverwertung.

Und gibt es nicht einmal zwei Gerichte, die appetitliche Lust machen, sollte man das Lokal entweder gar nicht betreten oder sofort verlassen.

Strudel: Der Strudel ist mehr als nur ein Teig zum Verhüllen von Früchten, Fleisch und Gemüse. Er hält die K.u.k.-Küche zusammen, ohne ihn würde die Altwiener Mehlspeisen-Kunst an Glanz verlieren. Seine Herrlichkeit ist darüber hinaus auch das leckere Bindeglied zwischen Orient und Okzident. Zwar mag sich kaum ein Österreicher vorstellen, dass der Strudelteig nicht irgendwann, lang ist es her, von seiner Wiener Tante erfunden worden ist. Auch die legendären böhmischen Köchinnen denken ähnlich. Aber Tatsache ist, dass die Fertigkeit, aus Wasser, Mehl und Schmalz oder Öl einen unglaublich geschmeidigen Teig zu bereiten, in Arabien entwickelt worden ist.

Wer das Genie war, wissen wir nicht. Ebenso wenig sind Ort und Zeit bekannt. Als gesichert gilt unter Küchenhistorikern, dass der papierdünne Teig von den Mauren nach Spanien mitgenommen worden ist. In alten Kochbüchern wird er als "Spanischer Teig" aufgeführt. Im Orient ist der mit Orangenöl, Rosenwasser und Sirup getränkte Teig heute noch eine Delikatesse. Die Wiener wiederum sind über die Türken auf den Strudel gekommen und haben es im Laufe der Jahrhunderte verstanden, daraus eine Spezialität zu machen, die in der Philosophie gipfelt, dass der ausgezogene Teig so dünn sein muss, dass man durch ihn hindurch eine Zeitung lesen kann.

Sülze: Tusch, Vorhang auf und Bühne frei für Ihre kulinarische Majestät, die Sülze. Jeder Koch, der auf der Höhe der Zeit sein will, bietet diese delikaten Stückerln in Gelee an. Sie sind transparent, man sieht, was drin ist - wie beispielsweise bei der köstlichen Tafelspitzsülze der famosen Brüder Obauer im salzburgischen Werfen. Ob man sie rustikal oder fein anlegt, ob sie mit Fleisch, Fisch oder Gemüse gemacht sind: Sülzen sind ganz einfach ritzy, ein Spiel mit Formen, Farben und Aromen.

Das war nicht immer so. Von Haus aus ist die Sülze ein legitimes Kind der bäuerlichen und bürgerlichen Küche, in der das Resteverwerten selbstverständliche Tradition ist. Und im Gegensatz zu ihrer vornehmen Schwester, der im Regelfall mit Sahne angereicherten Terrine, ist der Sülze in der gehobenen Gastronomie lange nicht die ihr gebührende Aufmerksamkeit gewidmet worden. Aspik galt als kleinbürgerlich, das roch nach geliertem Hering mit Bratkartoffeln.

Dieses Missverständnis ist endlich ausgeräumt. Der Trend zu mehr Klarheit in der Küche sowie der neue gastronomische Regionalismus, diese Rousseau'sche Variante zurück zu den Töpfen der ehrlichen bürgerlichen Küche, hat der Sülze endlich den Weg in die Sterne-Restaurants planiert. Eine Augen- und Gaumenweide ist die mit einem köstlichen Tomatengelee flankierte Calamares-Sülze von Hans-Stefan Steinheuer im gleichnamigen Restaurant in Heppingen bei Bad Neuenahr: Impressionismus auf dem Teller. Süchtig macht die Sülze von Meeresfrüchten, die Dieter Müller, das Kochgenie mit drei Sternen, in Schloss Lerbach in Bergisch Gladbach anrichtet. Schmackhafte Poesie ist die Kreation des Dreisternekochs Harald Wohlfahrt in der "Schwarzwaldstube" des Hotels Traube in Tonbach: Sülze von Taubenbrust mit Gänseleber und Trüffel in Madeira-Gelee.
Wer die Sülze erfand, weiß man nicht. Gelierte Gerichte gab es bereits bei den Römern, und im Mittelalter waren sie in der Küche des Volkes ebenso zu Hause wie in jener der Paläste. Mit Sicherheit sind Sülzen eine Geburt des Zufalls. Wer je einen Fisch pochiert oder einen Kalbsfuß gesotten hat und die Stücke erkalten ließ, stellte fest, dass sich drumherum Gelee gebildet hat: erstarrter Fleischsaft.

So etwas wie eine ultimative Sülze gibt es nicht. Fisch, Fleisch, Gemüse oder kombiniert - wie es einem gerade einfällt. Unerlässlich hingegen ist ihre Transparenz: Sie muss auf fast geheimnisvolle Weise durchscheinend sein. Zudem darf eine Sülze nicht zu fest in der Konsistenz sein, andererseits aber auch nicht wabbelig. Ob man sie sich mit Vinaigrette anrichtet oder mit Mayonnaise, ob man ein Stück Brot dazu isst, einen Salat oder goldbraunkrustige Bratkartoffeln, das ist der Tageslaune überlassen.

|----- ***Suppe:*** Privatim hat Maria Theresia sich und den Ihren den Hunger ohne Aufwand ausgetrieben. Eine Suppen und noch eine Speis, aber nichts Süßes oder Gebackenes" wollte die Kaiserin auf dem abendlichen Familientisch sehen, sodass man sich fragt, woher sie schließlich ihre runden Hüften bekam. Auch Nachfahr Franz Joseph, der mit dem grandiosen Backenbart, liebte Suppen vom Rind. Ihm zu Ehren hat die Wiener Schlossküche die "Kaisersuppe" erfunden, die "Consommé à l'Impériale", wie es im Hofjargon hieß. Anderswo wird die Suppe erst nach einer kalten Vorspeise serviert, in Österreich steht sie stolz wie ein Souverän an der ersten Stelle. Sie ist die gastronomische Ouvertüre jeder Menüoper.

Auf eine Vorspeise kann der Österreicher verzichten, nicht jedoch auf seine Suppe. Zumal auf dem Land früher jeder Tag mit einer Suppe begrüßt wurde, und auch heute ist dies noch gerne gepflegter Brauch. Mal ist es eine saure Milchsuppe mit goldbraun gerösteten Brotstücken, dann eine herzhafte, mit getrockneten Steinpilzen und einem Schuss Weinessig aromatisierte Erdäpfelsuppe oder eine aus Schweinsfüßchen gezogene "Klachelsuppe". Gemüsesuppen werden ebenso wenig verschmäht. Doch der große Klassiker ist die klare Rindsuppe. Deren zarte Fettaugen sollen einem freundlich zublinzeln.

Der unendlich delikate Suppenkosmos besteht aus Morgen-, Mittags- und Abendsuppen, aber außer der Rindsuppe gibt es nur noch eine, die rund um die Uhr den Körper kräftigt und den Geist zu neuen Phantasien beflügelt: die Hühnerbrühe. Sie wirkt immer wie eine belebende Infusion. Wer je, geschwächt von der Arbeit, einer durchzechten Nacht oder nach einer Wanderung, sich an einer echten Hühnersuppe labte, weiß um die Kraft solcher Essenzen. Echt heißt hier, dass der Koch oder die Köchin ein veritables Suppenhuhn genommen hat, was heißt: alt, sehnig, hocharomatisch.

In den letzten Jahren war die Suppe ein bisschen ins gesellschaftliche Abseits geraten. Man hat sie plebejisch genannt und als Dickmacher verleumdet. Zumal in Gourmetlokalen wurde Suppiges eher halbherzig angeboten: als "Süppchen", als sei dies feiner. Dabei sind die sahnig aufgemotzten "Süppchen" meist kalorienbombiger als jede klassische Suppe. Aber Moden entstehen und vergehen auch in der Gastronomie, und so kommt es, dass für Suppenfreunde wieder bessere Zeiten angebrochen sind. In der gehobenen Küche setzt sich zunehmend die Erkenntnis durch, dass Suppen nicht nur eine ehrliche Sache sind. Sie wärmen auf unnachahmliche Weise auch Magen und Seele.

Die essenziellste Variante aller klaren Suppen ist die Oglio, die Kaiser Franz Joseph seinen Gästen am Ende des Hofballs servieren ließ, zubereitet aus Ochsen- und Kalbfleisch, Rinderleber, Kalbshaxen, geräuchertem Schweinernen, Lamm, Wild, Enten, Gänsen, Rebhühnern, Tauben, Gemüse (Mohrrüben, Sellerie, Zuckerrüben, Lauch, Petersilie, Zwiebeln), in Zucker glasierten Kastanien sowie Gewürzen (weißer Pfeffer, Ingwer, Muskat, Gewürznelken), alles acht Stunden lang gesotten, danach

gefiltert, entfettet und in Tassen serviert. So eine Kraftbrühe macht Tote munter.
Ihr nahe an Substanz kommt die Kaisersuppe, zubereitet aus Kalbfleisch, das plus Knochen sowie Wurzelwerk weich gekocht, danach faschiert und mit Butter, Eidotter, Sauerrahm und Milch in eine mit Einbrenn vulgo Mehlschwitze vulgo Roux gebundene Brühe gerührt wird. Solche Suppen galten auch als Krankenkost. Im "Wiener Kochbuch" der Louise Seleskowitz, "gewesene Wirtschafterin" des Stiftes Schotten in Wien und Begründerin des I. Wiener Kochlehr-Instituts, wird 1875 eine Suppenessenz für Kranke beschrieben. Man nehme ein Kilo mageres Rindfleisch, umschließe es gut mit einem Tülllappen, gebe das Päckchen in eine Pastetenterrine, schließe diese mit einem Teigrand ab und koche das Fleisch drei Stunden in einer mit Wasser gefüllten Kasserolle, worauf das Rindfleisch, aus dem Lappen gepresst und mit Salz gewürzt, höchstens einige Löffel Brühe ergibt.
So eine kühn reduzierte Rind- oder Hühnersuppe ist ideal als Katerfrühstück oder - nach chinesischer Sitte - zur Besänftigung der inneren Organe, gereicht nach dem Hauptgang sowie zur Unterstützung der Reise der Gerichte. Fragt man Gourmets, was sie an Suppen so lie-

ben - zumal in jedem Mann steckt ein Suppentiger -, stößt man auf Unverständnis der Art, wie überhaupt nach einer Selbstverständlichkeit gefragt werden könne. Eine Suppe ist eine Suppe ist eine Suppe, basta! Mag sein, dass das legere Löffeln zur Beliebtheit beiträgt, vielleicht ergänzt durch Erinnerungen an die Kindheit oder eine archaische Sehnsucht nach bäuerlichem Leben.

Tee: Es gibt kein größeres Missverständnis als die Annahme, Tee müsse zelebriert werden. Wenn die Queen sich nachmittags den Teewagen ins Arbeitszimmer rollen lässt, ihren Darjeeling einem kostbaren, holzintarsierten tea-caddy entnimmt und die Milch dem geliebten silbernen Kännchen in der Form einer Kuh, einem Erbstück seit Generationen, dann ist das angewandte Kultur, faxenlos genossen aus feinem Crown-Derby-Porzellan. Zwei, drei Tassen starken Tees haben durchaus eine affektreinigende Wirkung. Eine ganze Kanne macht dich high, irgendwie kalt betrunken und für Stunden übersensibel wie ein Rennpferd vor dem Start. Tee ist eine Droge für den Geist. Aber was beispielsweise Japans Teemeister aufführen oder, ärger noch, ihre europäischen Adepten, das gleicht dem Lockendrehen auf einer Glatze.

Aus diesem Muster ist der Mythos gestrickt, der das Getränk überholt und aus einer angenehmen Sinnlichkeit ein Geheimnis macht. Fatal an dieser Sache ist, dass viele Leute nun meinen, Tee sei kompliziert zuzubereiten. Also versuchen sie erst gar nicht, einen anständigen Tee zu machen, sondern greifen zum Beutel, und das Unheil nimmt seinen Lauf.

Dabei bedarf es keines Tamtams, um einen guten Tee auch gut in die Tasse zu bringen. Vonnöten sind außer hochwertigem Tee gutes, was heißt: möglichst weiches Wasser, eine saubere Kanne sowie ein baumwollenes Netz.

Ob die Kanne aus Porzellan, Ton, Glas oder Silber ist, bleibt dem persönlichen Stilempfinden überlassen. Leidenschaftlich diskutiert wird die Frage des Zuckerns. Also bitte: Süßstoff ist abzulehnen, ansonsten gilt die liberale Tugend, dass schön ist, was gefällt. Hochwertige grüne Tees und Plantagentees aus Darjeeling schmecken pur am feinsten, doch malzige Sorten aus Assam oder Ceylon können durch einen Hauch Zucker aufblühen. Er hebt das Aroma, was Puschkin überschwänglich so beschrieb: "... beim teegefüllten Glase, am Zucker knabbernd in Ekstase." Wenn schon Zucker, dann empfiehlt sich weißer Kandis, weil er neutraler ist.

Nun zum tea himself. Schätzungsweise 99 Prozent, vielleicht auch 99,9 Prozent des marktüblichen Tees sind sogenannte Blends: Mischungen kreuz und quer durch diverse Regionen, Plantagen, Sorten und Jahrgänge. Diese Mixturen können qualitativ gut sein, nur: Spitze sind sie nicht. Blends gleichen der Konfektion von langweilig bis attraktiv. Gartentees, auch Lagen- oder Plantagentees genannt, sind die Haute Couture: ungemischte Blatttees einer bestimmten Plantage und Pflückperiode, selektiv gepflückt und besonders sorgfältig verarbeitet. Sie können das Nonplusultra des Teegenusses sein. Das Äquivalent beim Wein wäre eine hochwertige Auslese.

Spezialitäten:

✶ ***Aromatisierter Tee:*** Ist keine moderne Erscheinung. In China werden Tees seit 2000 Jahren oder länger aromatisiert, beispielsweise mit Rosenblättern oder Jasminblüten. Auch Rauchtee ist seit alters her beliebt. Im Orient mengt man dem Tee gerne frische Minze bei. Ein Klassiker ist der Earl Grey (siehe daselbst), der durch die Zugabe von Bergamotteöl den typischen Zitrusduft erhält.

✶ ***Earl Grey:*** Es ist Lust und Last, über den Tee namens Earl Grey zu schreiben. Last, weil schätzungsweise 99 Prozent aller öffentlich servierten Earl Greys grobe Lackl sind, nämlich Blend genannte Mischungen aus Billigtees, die im Schnellverfahren mit dem chemisch hergestellten Aroma der Bergamotte parfümiert werden. Solcherart fabrizierter Earl Grey duftet nicht, er riecht nur.

✶ ***Grüner Tee:*** Grüne Tees waren noch vor zehn Jahren das Kultgetränk für den fortgeschrittenen Teefreund. Heute sind Grüntees immer noch Kult, daneben aber auch zu einer Selbstverständlichkeit geworden. Historisch korrekt muss es heißen: Grüntee hat sich erneut fest etabliert, denn als im 17. Jahrhundert die Europäer erstmals gezielt in Asien Tee einkauften, war Grüntee die Haupthandelsware. Sogar in Ostfriesland, das heute für seine würzig-kräftigen Schwarzteemischungen bekannt ist, wurde bis zur Mitte des 19. Jahrhunderts ungefähr gleichviel grüner wie schwarzer Tee getrunken. Grüne Tees entstammen der gleichen Urpflanze wie schwarzer Tee. Aber beim Grüntee werden die Blätter nur gedämpft und getrocknet, nicht jedoch der Fermentation ausgesetzt. Grüner Tee ist sozusagen konservierte Natur.

★ ***Jasmintee:*** Wenn grüner Tee zusammen mit den zarten weißen Blüten gelagert wird, nimmt er deren Duft an. Weil die Blüten nur etwa 20 Stunden nach dem Pflücken über ihr verführerisches Aroma verfügen, können sie nur innerhalb dieser Zeitspanne duftmäßig mit dem Tee verheiratet werden. Davor und danach ist die Jasminblüte nahezu geruchsneutral. Und weil die Sonne und die Wärme des Tages diesen Aromatisierungsprozess stark beeinträchtigen, findet er bevorzugt nachts statt. Bei Jasmintee gibt es große Unterschiede in Stil und Güte, was sich logischerweise auch auf den Preis auswirkt, der schon bei einigen Euro pro 100 Gramm beginnt und nach oben durchaus bis auf 300 Euro und mehr pro Kilo steigen kann.

★ ***Keemun:*** Ungemein zart schmeckender Schwarztee von cremiger Struktur und weicher, dabei dicht gewobener Aromatik mit geschmacklicher Tiefe. Ein idealer Frühstückstee.

★ ***Ostfriesische Mischung:*** Es ist zwar kühn, die Ostfriesen als Nation und Tee als deren Nationalgetränk zu bezeichnen, aber als Gruppe von Teetrinkern können sie durchaus Staat machen. Das Ritual des Teebrühens und Teetrinkens ist den Ostfriesen heilig. Der Pro-Kopf-Verbrauch der Ostfriesen beträgt stolze 2500 Gramm pro Jahr, zehnmal mehr als der durchschnittliche Verbrauch in Deutschland. Ostfriesische Mischungen haben allesamt Assam Second Flush als Basis. Tees aus Sumatra, Java und Ceylon werden den Assams in eher geringen Mengen beigemischt.

✶ ***Pu-Erh-Tee:*** Früher der Tee der Kaiser, heute eine Spezialität, ja eine Rarität, aber ein Tee, der wie kein anderer die Geister scheidet. Die einen lieben und verehren ihn, andere erschreckt schon seine extrem dunkelbraune bis rot-schwärzliche Farbe und als Nächstes die Aromatik, deren kraftvolle und zugleich weiche, dichte und erdig-süßliche bis ins Moorige und Süßholzige hineinreichenden Noten sich mit Worten nur unzulänglich beschreiben lassen.

✶ ***Russischer Tee:*** Auch Karawanentee genannt. Heißt so, weil Tee aus Ostasien früher auf dem Landweg mittels Tragetieren nach Russland transportiert worden ist. Die "Russische Mischung" wurde zum Geschmacksbegriff für Tees mit kräftiger, oft leicht rauchig unterlegter Aromatik.

✶ ***Weißer Tee:*** Der Ursprung dieser Variante liegt im Dunkel der Geschichte. Es gibt Experten, die vertreten die Auffassung, dass der weiße Tee evolutionär entstanden ist, also als logische Weiterentwicklung des grünen Tees. Andere Gelehrte wiederum sehen den weißen Tee als Archetyp aller Teesorten wegen der scheinbar sehr einfachen und urtümlichen Herstellungsweise. Angebaut wird der weiße Tee in den hohen Bergregionen der chinesischen Provinz Fujian. Das Geheimnis des weißen Tees liegt in der jahrhundertealten Tradition der Auswahl der Blätter bis hin zu deren Verarbeitung. Es werden nur die ungeöffneten Blattknospen des Teestrauchs gepflückt - und zwar einzeln per Hand; für ein Kilo fertigen Tees sind rund 30.000 Knospen erforderlich. Diesen Knospen, genauer: dem silbrigen, seidenartigen Flaum, der sie umgibt, verdankt der Tee auch seinen Namen.

⊢----- ***Tischreservierung:*** In einem Restaurant mit anspruchsvoller Küche sollte grundsätzlich ein Tisch reserviert werden. Man gibt die Uhrzeit an, die Zahl der

Personen, äußert eventuell einen bestimmten Tischwunsch (am Fenster, in einer Nichtraucherzone).
Eine Reservierung ist verbindlich, also sollte man zeitig Bescheid geben, wenn der Tisch doch nicht genutzt werden kann. Umgekehrt wird ein reservierter Tisch in der Regel eine halbe Stunde über die vereinbarte Zeit hinaus freigehalten. Sollte man sich verspäten, empfiehlt es sich also, telefonisch Bescheid zu geben.

Tischsitten: Für Johann Nestroy, den großen österreichischen Dichter mit satirischer Neigung (die Ehe nannte er eine "wechselseitige Lebensverbitterungsanstalt") war die "schönste Gegend ein gedeckter Tisch". Der Philosoph Ludwig Feuerbach hat kühn philosophiert: "Der Mensch ist, was er isst." Das wandelten die Benimm-Tanten und Etepetete-Onkels um in: "Der Mensch ist, wie er isst."Wer nach diesem Grundsatz lebt, dem kommt es beim Essen weniger auf das Genießen an, sondern mehr auf Drill. Nun darf vermutet werden, dass es unter den Predigern des sogenannten guten Tons nicht wenige ängstliche Naturen gibt, die versuchen, ihre Unsicherheit hinter dem starren Protokoll zu verstecken. Und ein Mensch, der schmatzt, das Messer wie einen

Säbel handhabt, den Löffel wie eine Schaufel und nach jedem Gang raucht, ist kein angenehmer Tischgenosse. Aber andererseits sind viele Essregeln überholt.

Dass Spargel nicht mit dem Messer geschnitten werden sollte, lag schlicht daran, dass die Klinge früher aus Eisen war. Das ergab einen metallischen Geschmack. Seit es Edelstahl gibt, können Spargel und Fisch, aber auch Klöße, Kartoffeln und Gemüse getrost mit dem Messer zerteilt werden. Selbstverständlich darf Salat mit dem Messer klein geschnitten und Suppe direkt aus der Tasse getrunken werden. Beim Krebsessen zieht niemand mehr die Augenbraue hoch, wenn man sich die Serviette umbindet - sofern nicht sowieso ein spezieller Latz angeboten wird. Und es gilt wieder als höflich, sich "Guten Appetit" und "Zum Wohl" zu wünschen, wohingegen das rustikale "Mahlzeit" oder "Prost" eher an den Stammtisch gehören.

⊦----- ***Tranchieren:*** Die hohe Kunst des Service und zugleich ein sehenswertes Stück Erlebnisgastronomie - vorausgesetzt, es tranchiert ein Künstler. Um am Tisch des Gastes einen Fisch grätenfrei zu zerlegen, Geflügel perfekt zu teilen und einen großen Braten appetitlich zu zerlegen, bedarf es großen Geschicks und einiger Routine. Es ist ein Schauspiel, das schon für sich den Besuch eines Restaurants zum besonderen Erlebnis macht.

Trinkgeld: Die hohe Gunst. Es ist ein delikates Thema, ein Stück angewandte Moral. Ob man es gibt und wie viel, das hängt von diversen Faktoren ab, vor allem davon, wie gut (oder schlecht) man bedient worden ist. Bei einem Rechnungsbetrag zwischen 50 und 70 Euro gelten zehn Prozent als angemessen. Darunter sollte aufgerundet werden. Bei höheren Beträgen reduziert sich der Prozentsatz. Das Trinkgeld sollte möglichst bar übergeben werden, auch wenn die Rechnung mit Kreditkarte bezahlt wird. Fühlt man sich von einer bestimmten Servicekraft besonders gut bedient, so kann man dies auch durch einen diskreten, mit einem entsprechenden Schein gefüllten Handschlag dankend zum Ausdruck bringen.

Trüffeln: Für Madame Colette war die schwarze Trüffel die "kapriziöseste Prinzessin". Recht hatte die sinnenfrohe Dichterin, die selber leidenschaftlich und gut kochte, denn die äußerlich unansehnliche Knolle ist in der Küche eine Diva, vor der die Internationale der Feinschmecker strammsteht. Schwarze Trüffeln machen Pasteten aromatischer, vertiefen Saucen und schmecken mit Sellerie als Salat ebenso gut wie zu Bratkartoffeln oder roh und großmütig aufs Butterbrot gehobelt. Man kann sie in heißer Asche backen oder in Rotwein dünsten und sie bereichern Fleischgerichte. Wenn der Oberkellner dem Gast mit Verschwörerpose zuraunt, man habe auch frische Trüffeln, so ist das ein Satz mit Sex-Appeal. Ihre Hochsaison ist zwischen Ende Dezember und Ende März.

Die Trüffel aus dem Périgord ist an ihrer feineren Haut zu erkennen. Sie sieht aus wie Schmirgelpapier. Die italienische Variante ist schrundiger, tannenzapfenähnlich. Generell ist die schwarze Trüffel dunkelbraun bis schwarz, ihr warziges Äußeres gleicht einer großen Brombeere. Das Innere, zunächst hellgrau, wird mit der Reife immer dunkler bis schwärzlich nebst einem violetten Schimmer. Der pflaumen- bis eigroße Körper ist durchzogen von einem hellen Adergeflecht - je feiner die Marmorierung, desto besser. Ihr Aroma erinnert angenehm an Herbstlaub und warme, würzige Erde. Dem Mysterium ihres Geschmacks kommt man freilich nur mit vollem Munde nahe, was praktisch bedeutet: wenn schon Trüffel, dann richtig!

Die weiße Alba-Trüffel hat ihre beste Zeit zwischen Oktober und Dezember. Der Wert der weißen Trüffel liegt ausschließlich in ihrer geradezu unbändigen Würzkraft. Sie wird weder gekocht noch gebraten, sondern roh und fein über die jeweilige Speise gehobelt, die idealerweise warm und feucht sein sollte wie zum Beispiel: Spiegelei, Risotto, Kartoffelpüree, Pasta, Saucen & Co. Sie ist die auf die Spitze getriebene Philosophie vom edlen Kern in banaler Schale. Der Triumph des Seins über den Schein.

Erst die Nase offenbart dem Kenner durch den höchst eigenwilligen, einer Explosion gleichenden Duft, dass es sich bei der Knolle um ein Naturwunder handelt: eine kulinarische Königin namens "Tuber magnatum Pico". Das Aroma der wahrhaftigen Alba-Trüffel ist derart intensiv, dass es einem fast die Besinnung nimmt. Und darin liegt auch das feinschmeckerische Mysterium der weißen Trüffel. Die Alba-Trüffel hat eine glatte Haut. Große Exemplare ähneln figürlich einem rasierten Sellerie. Ihre Farbe gleicht der eines Milchtees und der Duft ist eine zugleich geschmeidige und aggressive Mixtur aus feuchter Erde, Knoblauch, Gorgonzola, Nüssen, Honig und

Heizgas. Nichts hält ihren Geruch auf, selbst ein Trüffelchen parfümiert binnen Kurzem einen Raum.

Das Majestätische zeigt sich freilich auch im Preis. Je nach Qualität, Schönheit und Größe müssen für die nuss- bis faustgroßen Trüffeln um die bis 4000 bis 6000 Euro und mehr pro Kilo bezahlt werden. Da geht der Verstand erschrocken in Deckung, doch die Nachfrage ist international so groß, dass die Trüffelhändler keine Absatzsorgen kennen. Wie immer, wenn viel Geld im Spiel ist, sind die Gauner nah, was in diesem Fall heißt: Betrüger, die banale Sommertrüffel, afrikanische "Wüstenkartoffeln" oder die geschmacklich harmlose chinesische "Weißtrüffel" als Alba-Trüffel anbieten. Das Aroma solcher Plagiate mag angenehm sein, ist jedoch mehr pilzig als trüffelig - und qualitativ sind diese Arten minderwertig. In manchen Lokalen werden sie als echte Alba-Trüffeln über die Speise gehobelt, doch die ist zuvor kräftig mit Trüffelöl getränkt worden, was dem unkundigen Gast fälschlich Authentizität suggeriert.

Der Alba-Trüffel ähnlich bis gleichwertig sind die weißen Trüffeln aus anderen italienischen Regionen wie

Umbrien, Venezien, Ligurien, der Lombardei, den Marken, den Abruzzen und Kampanien. Auch Istrien - vor allem der Motovuner Wald sowie das Mirna-Tal - ist eine ergiebige Trüffelregion. Der Piemontese wird diese Trüffel zwar niemals als gleichwertig zu seinen anerkennen, aber offiziell nicht zur Kenntnis genommene und schwer beweisbare Tatsache ist, dass mittelitalienische und istrische Trüffeln nicht selten als "Alba-Trüffeln" gehandelt werden. Ganz anders verhält es sich mit der sogenannten Deutschen Trüffeln (Choiromyces Meandriformis), die übrigens auch in Österreich vorkommt und von manchem unwissenden Journalisten pompös als Sensation gefeiert wird: Die ähneln äußerlich dem Alba-Original, doch fehlt diesen Karikaturen jeglicher kulinarischer Reiz. Im Gegenteil, die Besonderheit dieser Art liegt in einer stark abführenden Wirkung.

TV-Köche: Picobello, in tadellos gebügelter, blütenweißer Jacke mit elegant aufgesetztem Stehkrägelchen, wie es weiland die Offiziere des Zaren an ihren Gala-Uniformen für angemessen gehalten haben, schreiten sie ihre Tatorte ab: die öffentlichen Herde in den diversen Fernsehsendungen. Man nehme Johannes

B. Kerner, den Moderator einer Kochshow, der vom Essen kaum mehr versteht als vom Kochen und wie ein Zirkusdirektor fünf Köche brutzeln lässt. Da wird Kochen als die größte Gaudi inszeniert, wogegen ja nichts einzuwenden wäre, wenn wenigstens die Rezepturen der Gerichte zu verstehen wären. Stattdessen gibt es Schaumschlägereien und viel Rede-Mus, kurzum: mehr Schein als Sein.
Die TV-Köche spielen Genie in der Erwartung, auch als solches angesehen zu werden, doch man fragt sich, woran es liegt, dass in den Fernsehküchen das gastronomische Mittelmaß regiert. Privat wirken Mälzer, Zacherl, Lichter, Lafer und Konsorten wie sympathische Burschen, kochtechnisch sind sie mit Madonna vergleichbar. Deren Fähigkeiten sind ebenfalls begrenzt, weder kann sie tanzen noch wirklich gut singen, aber sie verfügt über Ehrgeiz, eine bewundernswerte Konstitution, kein bisschen Bescheidenheit und vor allem den Willen zu arrivieren.

Wahre Kochkünstler wie die Dreisterneköche Heinz Winkler ("Residenz" in Aschau), Dieter Müller ("Schloss Lerbach" in Bergisch Gladbach), Harald Wohlfahrt ("Traube" in Tonbach), Joachim Wissler ("Schloss Bensberg"),

Helmut Thieltges ("Sonnora" in Dreis) und Christian Bau (Perl) haben in ihren kleinen Fingern mehr kulinarisches Genie als alle diese TV-Bubis, den souveränen, auf hohem kulturellem Niveau kochenden Vincent Klink ausgenommen. Von Alfred "Plaudertasche" Biolek lernt man am besten, wie man's nicht macht, sofern einen dessen Lustseufzer nicht sowieso vorzeitig den Kanal wechseln lassen - vielleicht hin zu Rainer Sass, der im Norden auf herzerfrischende Weise kocht, oder hin zu Alfons Schuhbeck, der im Bayerischen eine ebenso heitere wie informative Küche demonstriert.
Diese Befreiung der Kochkultur vom Elitegedanken - in etwa dem ähnelnd, was Ikea in den 80er Jahren für die Versimpelung der Wohnkultur getan hat - ist das wesentliche Verdienst der TV-Köche. Deren Anteil an der nationalen Aufwertung der Kochkultur wird prozentual nicht oder nur schwer bezifferbar sein, doch darf als gewiss gelten, dass die TV-Stars mit ihrer Botschaft von einer Küche abseits apodiktischer Zwänge vielen Menschen die Schwellenangst vor dem Kochen genommen und neue Leidenschaften für diese Kultur entfacht haben, mit dem nahrhaften Ergebnis, dass auf einmal alle Welt kocht.

Bitte sehr: Die Küche ist das Zentrum des Lebens, für die Hungrigen die Verheißung paradiesischer Glückseligkeit, ein Ort des Überschwangs und der üppigen Lebensfreude, kurzum eine Nische, wo der Mensch noch Mensch sein darf im hemmungslosen Ausleben seiner individuellen Neigungen. Ich koche, also bin ich! Die Feinschmeckerei ist ja das sozusagen öffentlich erlaubte Praktizieren einer leiblichen Wollust. Ein perfekt zubereitetes Wiener Schnitzel vermag fraglos unsichere Seelen zu stärken, ein Steinbutt mit Sauce béarnaise kann aus einem Zahlenmenschen einen Romantiker machen, nur: Dieses schöne Empfinden schaffen die TV-Köche nicht. Dafür ist das Fernsehen freilich auch nicht geeignet, solange man die Speisen weder riechen noch betasten, gar essen kann.

Unsitten: Am Tisch telefonieren: Das Handy stört die Tischgenossen und die Nachbarn, also gehört es zum guten Ton, wenn schon telefoniert werden muss, dies im Foyer, an der Bar oder im Waschraum zu erledigen. Rauchen zwischen den Gängen eines Menüs: Tabakrauch bremst den Essgenuss und vermiest der

Nase das Bukett eines edlen Weins. Also wird der notorische Raucher für zwei bis drei Stunden ganz auf seine geliebte Zigarette, Zigarre, gar Pfeife verzichten oder zwischen den Gängen in der Bar beziehungsweise dem Foyer seiner Lust frönen. Pullover im Gourmetrestaurant: Zwar dulden heute - ausgenommen Clubs in England und Restaurants in den USA - selbst die renommiertesten Lokale ihre Gäste in Hemd und Pullover, aber wirklich Stil hat, wer sich der großen gastronomischen Oper auch kleidungsmäßig anpasst, was für den Mann heißt: wenn schon nicht Krawatte, zumindest Jackett.

W

Wein: Wie jede Liebesgeschichte beginnt die zum Wein immer wieder aufs Neue mit einem sehnsuchtsvollen Geschmack im Mund, einem plötzlichen Verlangen nach Düften und 1001 Aromen, wie nur der Wein sie birgt und beschert. Das kann ein reicher Burgunder sein, ein eleganter Riesling, distinguierter Cabernet Sauvignon, warmwürziger Merlot, rustikaler Blaufränkisch, traubiger Muskateller, rosenduftiger Traminer, prächtiger Grüner Veltliner, wuchtiger Chardonnay, zartherber Sauvignon blanc, getragener Grauburgunder oder finessiger Weißburgunder - egal, jeder gute Wein erschließt dem Genießer eine sinnliche Welt, die leise Zärtlichkeit ebenso umfasst wie gewaltige Leidenschaft. Und gut ist jeder Wein, der authentisch ist, also typisch für regionale Herkunft, Rebsorte und Jahrgang.

Weine trinken und sammeln ist über die Jahrhunderte für viele Menschen immer ein Stück Erotik des Lebens gewesen. Und unabhängig von Monsterpreisen der immer knapper werdenden Raritäten - Aphrodisiakum für Sammler und Nabobs - hat sich eine neue Lust auf Wein entwickelt. Junge Leute, die ihr erstes Geld verdienen, sehen ebenso wie etablierte Genusstrinker die Weinkultur als angewandte Lebensart, als Verschönerung des Alltags.

Viele Weine hat es immer schon gegeben, doch seit einigen Jahren bedarf der Satz einer kleinen, wesentlichen Ergänzung: Es gibt viele gute Weine. Frankreich, das mit Bordeaux & Burgund, Rhone, Loire & Champagne die großen Klassiker stellt, hat zunehmend kapitale Konkurrenz bekommen. Bei den Weißweinen sind die Deutschen selbstbewusster geworden, Österreich bietet in Weiß prächtige Gewächse à la würziger Grüner Veltliner, eleganter Riesling und rassiger Sauvignon blanc. Italien sowie Spanien trumpfen vor allem mit Rotweinen auf. Und überseeische Länder wie Südafrika, Australien, Neuseeland, Chile und Kalifornien drängen immer stärker auf den europäischen Markt.

Für den Verbraucher ist das internationale Angebot verwirrend. Man muss sich schon intensiv mit dem Thema auseinandersetzen und Hunderte von Gutsnamen, Lagen sowie Jahrgänge im Kopf haben, um beim Einkauf nicht hilflos wie ein Stück Butter auf einer heißen Kartoffel umherzuschlittern. Andererseits ist es ungemein attraktiv, aus einer reichen Palette von Weinen auswählen zu können: je nach Anlass, Stimmung und Geldbeutel. Jeder gute Wein gleicht einer Persönlichkeit mit eigenständiger, unverwechselbarer Ausstrahlung. Beim Menschen artikuliert sich die Größe in seinem Tun, beim Wein sind die Zusammensetzung und Intensität von Duft und Geschmack die messbaren Tugenden.

Im Gegensatz zum Etikettentrinker, der nur bestellt, was als edel und teuer gilt, möglichst modisch noch abgesegnet ist, nutzt der Kulturtrinker das ganze Spektrum. Er wird die intellektuelle Eleganz eines Château-Gewächses aus dem Médoc schätzen, die unendlich tiefe und zugleich zarte Aromatik eines ausgereiften feinen Burgunders lieben, die würzige Fülle eines Rioja mögen und sich von der Opulenz eines kalifornischen Cabernets berauschen lassen. Dann wiederum sehnt er sich vielleicht nach einem schmeichlerischen Chianti, der feurigen Kraft eines Roten von der Rhone, der erdverbundenen Naturgewalt eines Barolo, dem zartfruchtigen Charme eines Spätburgunders, der tiefen Aromatik eines Grünen Veltliners oder der subtilen Edelsüße eines Sauternes, Tokajers, Ruster Ausbruchs oder finessiger Auslese von Rhein und Mosel.

Der eine Wein schmeckt bestens zum Lammrücken, der andere zum Hasenbraten, zu Steaks, Käse, Ragouts oder einfach als Solist. Es gibt Stimmungen, zu denen passt ein alter Bordeaux oder sinnlicher Burgunder - sogenannte Kathedralenweine. Aber derartige Preziosen kann man nicht täglich trinken, denn zu viel des Guten macht teilnahmslos. Der Weinliebhaber schätzt auch die Kapellenweine, also jene Gewächse, die man nicht siezt, sondern wie einen Duzfreund herzlich bei sich willkommen heißt. Und der Kenner genießt den Reiz, der in der

Herausforderung liegt, aus Hunderten von Weinen in einer Preiskategorie um die 10, 20 und maximal 30 Euro souverän genau den Wein auszusuchen, der zur Stimmung beziehungsweise zum Anlass passt. Das ist praktizierte Trinkkultur.

Tausende von Weinen haben zwar die gleiche chemische Grundstruktur, lassen sich mit moderner Technik bis aufs Nanogramm genau analysieren: Alkohol, Glyzerin, Zucker, Säuren, Vitamine, Stickstoff, Schwefel, Mineralien und Hunderte von Aromen. Doch das, was den Geschmack ausmacht, ist nicht bestimmbar. Ein badischer Grauburgunder mag den gleichen Gehalt an Alkohol, Zucker, Säure und Fruchtextrakten aufweisen wie ein Chablis - dennoch schmeckt er ganz anders.

Jeder Wein hat seinen individuellen genetischen Duft- und Geschmackscode. Und er hat, wie ein Mensch, sein eigenes Profil, seinen eigenen Charakter. Es gibt unter den Weinen starke Persönlichkeiten ebenso wie erbärmliche Wichte. Man findet geradlinige Naturen und Blender, Matronen und Ballerinen, Frohnaturen und Säuerlinge. In dieser Vielfalt liegt das alte und neue

Mysterium des Weins. Und sie ist zugleich die Erklärung, weshalb das Weintrinken in einer ansonsten rational verwalteten Welt nach wie vor ein sinnliches Abenteuer ist, eine stets faszinierende Begegnung mit Farben, Düften und Aromen.

Wichtig ist, dass der Wein - die Rarität, die man siezt, wie der Bauernwein, den man herzlich duzt - authentisch ist, dass der Schein nicht über das Sein triumphiert. Nach solchen ehrlichen Kreszenzen ist der Weinfreund wie ein Don Juan ständig auf der Suche, wobei das Schöne daran ist, dass man im Unterschied zu diesem Jäger und Gejagten der Liebe im Wein jederzeit seine genussvolle Erfüllung findet.

Edelsüße Weine: Die Macht des Süßen ist nicht nur in der Literatur dutzendfach belegt, wie beispielsweise eindringlich im "Leoparden", wo Lampedusas Fürstin ihrem träge gewordenen Gatten ein exquisites, mit Früchten durchsetztes Dessert bereitete, bei dessen Genuss der Fürst spontan den Entschluss fasste, ins Dorf zu fahren und die Nacht bei seiner Geliebten zu verbringen. Süßes animiert, es steht für Genuss und ist ein diskreter

Diener der Venus. Das gilt insbesondere auch für edelsüße Gewächse, ob es ein Sauternes ist, eine deutsche Trockenbeerenauslese, ein Tokajer oder ein Ruster Ausbruch, um die großen Weltklassiker zu nennen.

Goldgelb soll er ins Glas fließen und seinen herrlichen Duft verströmen, jener köstliche und reiche Mix aus Pfirsich, Aprikosen und Orangenblüten, aus Honig, getrockneten Südfrüchten, Karamell und Rosinen nebst etwas Vanille, vielleicht auch Nougat, Biskuit, Kokosnuss und Marzipan - je nach Rebsorte, Herkunft, Ausbaustil und Alter. Aber jeder Schluck wird einen Schock des Glücks auslösen.

Kein Wein ist sinnlicher als eine edelsüße Kreszenz, wobei die Betonung auf edel liegt. Mittelmäßige Süße wie die unverbindliche Wischiwaschilieblichkeit diverser Auslesen ist erbärmlich, feine Süße hingegen charmiert die Seele. Große Edelsüße sind amouröse Verführer, auch Meditationsweine. Sie passen zu Zigarren, zur Melancholie der blauen Stunde und zu viel mehr Speisen als nur Gänseleber oder Schimmelkäse. Man probiere sie zu Austern, Rosinenbrot mit Kalbsleberwurst, kross gerösteter Blutwurst, geschmortem Ochsenschwanz, getrüffeltem Täubchen, Wildpasteten, Fasan mit Weinkraut, Hummer à l'armoricaine, Mohntorte, Apfeltarte & Co. Trinkkultur ist ja die Kunst, für jeden Anlass und jede Stimmung den dazu passenden Wein auszusuchen. Und es gibt emotionale Zustände, in denen ersetzt ein edelsüßer Wein jedes Dessert.

"Solitärweine", sagen manche Leute in gespreizter Manier, womit ausgedrückt werden soll, dass eine Trockenbeerenauslese nur mit Zeremoniell genascht werden darf, sozusagen Kerze an und Helm ab zum Gebet. Was für ein Missverständnis! Altäre sind unangebracht. Der beste, schönste, teuerste Wein dient letztlich nur einem Zweck, nämlich dem, getrunken zu werden. Wein, ob trocken oder edelsüß, weiß oder rot, ist nicht fürs Anbeten gemacht, sondern zum Trinken: schlabber, schlabber, weg damit.

Umso schöner ist es, dass die Edelsüßen wieder stark im Trend liegen. In den letzten 20 Jahren unter der absoluten Diktatur der trockenen Weine waren sie etwas ins Abseits geraten. "Likörchen" haben die gusseisernen

Trockenfans, denen kein Tropfen zu sauer sein konnte, arrogant genäselt. Es gab Leute, die bis vor Kurzem ihre Auslese verschämt nur unter der Bettdecke getrunken haben, weil sie üble Nachrede fürchteten. Solche Mimikry ist nicht mehr nötig, seit die Edelsüßen ihre gloriose Renaissance als Genuss- und Kulturgut feiern.
Ja, es ist sogar wieder ritzy, edelsüß zu trinken. Der Kenner und die Kennerin lieben Auslesen und wissen, dass erstklassige Edelsüße durch ihr feines Spiel von Frucht, Süße und Säure charmieren. Solche Weine fallen unter das Suchtgesetz. Früher einmal, als der Großvater die Großmutter ehelichte, waren edelsüße Weine das bevorzugte Getränk der reichen Gesellschaft. Hoch im Kurs standen neben den Sauternes mit Château d'Yquem als Platzhirsch vor allem die Trockenbeerenauslesen von Rhein und Mosel sowie der Tokajer und der Ruster Ausbruch als einer der ältesten Ausleseweine weltweit.

Das sind Weine, die das Auge schon durch ihre goldene Farbe entzücken, gleich darauf die Nase durch das suggestive Bukett, den Gaumen durch ihre unendliche Großzügigkeit. Weine von nobler Natursüße sind etwas ganz Besonderes. Die großen Edelsüßen lassen sich zu vielen

Speisen trinken, aber auch im Solo. Sie eignen sich als Meditationsweine am Sonntagvormittag, nachmittags zum Hightea oder abends am Kamin. Oder einfach grundlos, weil man Lust auf einen außergewöhnlichen Genuss hat.

✶ ***Großflaschen:*** Ein Wein, der einen zum Melancholiker machen kann, ist der 1979er Romanée Saint Vivant der Domaine Romanée-Conti in der Jéroboam (steht im Burgund für eine Flasche mit drei Liter Fassungsvermögen). In der 0,7-Liter-Standardflasche hat sich der rote Burgunder schon verabschiedet, schmeckt er etwas fade, ausgezehrt, doch im Großformat bezaubert er durch samtene Delikatesse. Nun ist es kein Geheimnis, dass Wein in Großformaten gemächlicher reift und länger hält. Der Vorteil der Großflasche ab der Magnum (1,5 Liter) gründet darin, dass der Wein im voluminöseren Format über eine besonders kompakte Abwehrfläche gegenüber der Luft und somit der Oxidation verfügt. Einzig bei edelsüßen Weinen scheint die Bedeutung großer Flaschen weniger ausgeprägt zu sein. Außerdem sind große Flaschenformate für den Sammler auch deshalb interessant, weil sie als Rarität "ein Mehrfaches an Wert derselben Menge Wein in Normalflaschen akkumulieren" (Burkard Bovensiepen von "Alpina"). Da ist was dran. Eine Doppelmagnum (drei Liter) kostet in der Subskription in der Regel nur unwesentlich mehr als vier Normalflaschen, doch spätestens nach der ersten Reifephase, also irgendwann zwischen sieben und zehn Jahren, wird der Preis für das Großformat steil ansteigen - vorausgesetzt, der Wein stammt aus bestem Haus und Jahrgang und ist ideal gelagert worden.

Ob Weltrarität oder nicht: Es gibt die Faszination der Großflasche, man kann sogar sagen, dass eine Impériale (sechs Liter im Bordelais) sexy ist. Allerdings sollte nicht übersehen werden, dass voluminöse Flaschen nur bei hochklassigen Gewächsen sinnvoll sind. Dazu zählen substanzielle Rotweine, Jahrgangschampagner und mächtige Weißweine aus Rebsorten à la Chardonnay, Grüner Veltliner, Riesling, Chenin blanc etc. Eine weitere Erkenntnis ist, dass bei blutjungen Weinen die Unterschiede zwischen den Flaschengrößen eher marginal sind, dass sich der Einfluss des Formats auf den Werdegang des Weins erst ab einem Alter von fünf Jahren zeigt, doch dann deutlich und kontinuierlich steigt.
Bündelt man die Talente, so ist die Magnum das Ideal:

leicht zu lagern, unkompliziert zu kühlen, handlich beim Einschenken, schön anzuschauen, kurzum: verheißungsvolle Animation in Glas, ja Inspiration, Verführung und je nach dem, was auf dem Etikett steht, auch Trophäe. Allerdings sollte man nicht Opfer des schönen Scheins werden, was praktisch heißt: Magnum und größer sind wirklich nur sinnvoll bei Gewächsen, ob Wein oder Champagner, die mehrjährige Lagerung nicht nur verkraften, sondern benötigen. Und bis dahin, bis der Wein in der Magnum voll erblüht, trinkt der Connaisseur das gleiche Gewächs aus der Normalflasche.

Trinkkultur ist schließlich die heiter gepflegte Kunst von der Vollkommenheit, also das Wissen oder wenigstens das Ahnen, wann der Château Latour, der Chambertin, der Comtes de Champagne oder der prächtige Grüne Veltliner Schütt vom Wachauer Winzer Emmerich Knoll auf seinem Höhepunkt ist.

✶ ***Kleine Format-Kunde:*** Frankreich hat sich mit seinen Flaschengrößen international als Vorbild durchgesetzt. Dennoch lösen die Bezeichnungen leicht Irritationen aus, weil sie in den Regionen teils für unterschiedliche

Größen benutzt werden. Eine Aufstellung der wesentlichen Formate und ihrer Bezeichnungen, bezogen auf Bordeaux, Burgund und die Champagne, wird deshalb zur Vermeidung von Missverständnissen dienlich sein:

Bordeaux:

Magnum	1,5 Liter
Doppelmagnum	3 Liter
Marie-Jeanne (veraltet)	2,5 Liter
Jéroboam	5 Liter
(bis zum Jahrgang 1978 auch 4,5 Liter)	
Impériale	6 Liter

Burgund:

Magnum	1,5 Liter
Jéroboam	3 Liter
Réhoboam	4,5 Liter
Methusalem	6 Liter

Champagne:

Magnum	1,5 Liter
Jéroboam	3 Liter
Réhoboam	4,5 Liter

Methusalem	6 Liter
Salmanazar	9 Liter
Balthazar	12 Liter
Nebukadnezar	15 Liter

Die übergroßen Formate werden in der Champagne in der Regel nicht handgerüttelt. Nur wenige Firmen machen sich die Mühe, dies bis zur Methusalem zu tun. Ab der Jéroboam pflegt man die Methode des Aufgießens. Man schüttet, banal gesagt, den Inhalt von Normalflaschen in eine Salmanazar oder Nebukadnezar: Monsterflaschen, die überwiegend sowieso nur nach Bestellung produziert werden.

✶ ***Korkologie:*** Man erlebt es täglich: korkkranken Wein, kurz korkig genannt. In der Gastronomie sollte so etwas zwar nicht vorkommen, weil vom Service zu erwarten ist, dass fehlerhafte Weine gar nicht erst eingeschenkt werden. Aber Ideal und Praxis klaffen oft auseinander. Und so passiert es dem Gast, dass ihm mit einem verschwörerischen Augenzwinkern à la "Wir Kenner unter uns" der frisch gezogene Korken auf einem Silberschälchen überreicht wird, egal ob der einen Fehler hat oder nicht. Der eine Gast riecht nun verlegen daran, ein anderer mit sittlichem Ernst, nur wenige entziehen sich diesem Ritual, aber: Hat das Spiel überhaupt einen Sinn?

Eigentlich nicht, denn durch flüchtiges Schnüffeln am Korken lässt sich keineswegs immer mit Sicherheit erkennen, ob der Wein gut ist oder nicht. Es gibt Korken, die grauslich nach Moder, altem Essigfass und sogar Pilzsuppe düfteln, doch der Wein schmeckt köstlich. Umgekehrt erlebt man harmlos riechende Korken und verdorbenen Wein. Die einzige wirklich zuverlässige Instanz in Sachen Korkfehler ist die Nase.

Von den rund zwei Milliarden Korken, die pro Jahr in Deutschland aus Weinflaschen gezogen werden - nebenbei bemerkt, auch Schaumweine wie Champagner, Sekt und Cava können korkig schmecken -, sind nach Schätzungen zwischen zwei und fünf Prozent als korkkrank einzustufen, also defekt. Tatsächlich hat der Korkschmecker in den letzten Jahren zugenommen. Etliche Winzer haben darauf bereits reagiert und verschließen ihre Flaschen zunehmend mit Glasstoppeln und Stahlkapseln, aber das Gros ist immer noch mit dem traditionellen Naturkorken verschlossen - und dies gilt insbesondere für die teureren Gewächse.

Eine Ursache für die Verschlechterung der Korkqualität ist die Überproduktion; die teils mangelhafte Hygiene in den Erzeugerländern ist ein weiterer Grund. Hinzu kommt, dass es mehr Weinkenner gibt und somit gewieftere Nasen zum Aufspüren von Korkfehlern. Charakteristische Merkmale eines korkigen Weins sind ein dumpfer bis beißender Geruch. Der "Kork" sticht einem geradezu in die Nase. Von den Fruchtaromen des Weins ist wenig bis nichts zu spüren, die sind ausradiert, sodass die Traubensorte kaum zu identifizieren ist. Am Gaumen macht sich ein Korkgeschmack durch strenge, kratzige Symptome unschön bemerkbar. Wer im Erkennen korkiger Weine unsicher ist, dem sei empfohlen, sich fürs Nasentraining von einem Händler oder Wirt einen korkkranken Wein zu besorgen und daran so lange zu schnüffeln, bis der Fehler auf ewig im Sinnen-Gedächtnis gespeichert ist.

Macht sich das Übel nur leicht bemerkbar und ist offen, ob es ein beginnender Korkschmecker ist oder ein anderer Fehlton, lohnt es sich, den Wein zu dekantieren. Die kräftige Luftdusche reinigt so manchen Wein. Andererseits verfestigt sich ein Korkproblem unbarmherzig durch den Einfluss von Sauerstoff. Die Diagnose ist freilich nicht leicht zu treffen, selbst Experten irren sich. Vor allem ein sogenannter schleichender Korkfehler, also einer, der anfangs nur leise auftritt, ist schwer zu orten.

Außerdem ist nicht jeder Wein korkig, der als solcher beanstandet wird. Es gibt spezielle, vom Boden oder vom Ausbau beeinflusste Aromen, die typisch für den Wein sind, aber ungewöhnlich und deshalb missverstanden werden. Und manche Gäste machen geradezu Jagd auf Korkfehler und verteufeln jedes unschuldige Hefetönchen als korkig. Andere reklamieren aus Unsicherheit oder Wichtigtuerei.

✶ ***Rosé:*** In alten UFA-Komödien gibt es eine im Dutzend variierte Szene, in der das Hausmädchen dem nahe rückenden Galan sacht auf die Finger klopfend sagt: "Ei, Sie sind mir aber ein Schlimmer", doch kokett die Lust an einem Flirt erkennen lässt. Ein bisserl Herzen muss ja nicht gleich beim Standesamt enden. Genau das gleiche Motto gilt für Rosés, die ja niemals grandiose Weine sind, mit denen man sein Leben verknüpft. Doch haben sie einen schelmischen bis frechen Charme, der sie neben ihrer anmutigen Farbe und der frischen Fruchtigkeit zu Sommerweinen par excellence macht, egal, ob sie zum Essen oder solo getrunken werden.

Eigentlich sind Rosés verhinderte Rotweine. Das Ausgangsprodukt ist das gleiche: rote Trauben. Nur werden die Beerenhäute, in denen der rote Farbstoff steckt, nach dem Pressen der Beeren lediglich wenige Stunden im Most gelassen. Je kürzer der Kontakt ist, desto blasser fällt - wie beim Tee - die Farbe aus. Für einen guten Rosé bedarf es großen Fingerspitzengefühls, denn die Kunst liegt darin, den Trauben möglichst viel Aroma zu entziehen und gleichzeitig möglichst wenig Farbe sowie Gerbstoff (Tannin), damit der Wein nicht bitter schmeckt.

Nur wenige europäische Traubensorten sind sogenannte Färbertrauben, deren Saft auch rötlich ist. Die meisten roten Trauben haben weißen Saft. Aus ihnen kann man Weißwein machen, wie es zum Beispiel in der Champagne praktiziert wird oder bei Weinen, die als "Blanc de noirs" etikettiert werden. Der rote Weinfarbstoff sitzt in den äußeren Zellschichten der Beerenhaut. Erst wenn der Traubensaft mit den zermalmten Häuten in der Maische gärt, wird er rot. Lässt man die gemahlenen Trauben nur wenige Stunden im eigenen Saft liegen und presst sie danach ab, wird der Saft rosafarben. Die andere Methode besteht darin, dass man den Most von Färbertrauben wie Weißwein vinifiziert.

Viele Rosés sind nicht viel mehr als erbärmliche Kompromisse: Blabla in Pink, entweder süßlich schmekkend und fade wie parfümiertes Rosenwasser oder kratzig. Auch bei Rosés muss man deshalb auf Qualität achten und nicht im Supermarkt en passant nach irgendeiner Flasche greifen, sei es, weil das Design lockt oder der Preis. Unter sieben Euro wird man sowieso kaum etwas Elegantes finden.

Gute Rosés verbergen sich selten hinter kitschigen Etiketten. Leicht verspielt können sie sein, auch ein bisserl sexy, doch niemals lautschreierisch. Die Farbe sollte nicht satt wie Himbeersaft sein, sondern hell, walderdbeerartig mit gräulichem Schimmer. Der Franzose sagt dazu "œil-de-perdrix" - das Auge des Rebhuhns. Im Duft darf nichts Pomadiges sein. Dezente Töne nach Strauchblüten und Beeren, speziell roten Johannisbeeren, künden von klassischer Herkunft. Geschmacklich muss ein Rosé von fruchtiger, angenehm würziger Herbe sein: trocken, nicht sauer, spritzig, ohne zu moussieren, leicht, nicht seicht.

Zwar gibt es immer noch Weinfreunde, die trinken Rosé nur unter der Bettdecke, weil sie dabei nicht ertappt werden wollen. Das ist falsche Scham. Der Kenner und die Kennerin scheren sich nicht um das snobistische Gerede von den Rosés als Verlegenheitslösung zwischen Weiß und Rot, sondern trinken sie, wann immer ihnen danach ist: an sommerlauen Tagen, zum Grillen, zu kleinen Näschereien wie Honigmelone mit Schinken, Fischsalat, Fleischpasteten, Nudelgerichten, Ziegenkäse, Früchtedesserts, Gemüseragouts, Scampi mit Kräutern, Spiegelei sowie Rührei mit Räucherspeck oder gedankenlos gegen den unschuldigen Durst am Abend.

Ein Rosé wird nie ein großer Wein sein. Dazu fehlt es ihm von Haus aus an Tiefe wie Länge. Aber er hat Charme. Gute Rosés sind Weine mit Sommersprossen, unkompliziert strukturiert und so zu trinken. Schlabber, schlabber, weg damit, lautet in jedem Fall das heitere Trinkmotto.

✶ ***Wein und Speisen:*** Ein raffiniert komponiertes und meisterlich umgesetztes Menü vermag einen Feinschmecker in den Zustand irdischen Glücks zu versetzen, aber zum kulinarischen Gesamtgenusswerk werden selbst der prächtigste Braten, die feinste Sauce und das leckerste Ragout erst in Verbindung mit einem dazu ideal passenden Getränk. Solche reintönigen Akkorde, sozusagen gastronomische Pas de deux, die immer stimmen, sind beispielsweise Austern und Chablis, Schlachtplatte und Champagner, Wiener Schnitzel und Grüner Veltliner, Honigmelone und Muskateller, Ziegenkäse und Rosé, Gemüsesülze und Sauvignon blanc, Steinbutt mit Sauce béarnaise und Chardonnay à la Meursault, Lammbraten und Médoc, geschmorter Hasenrücken und roter Burgunder, Schokoladiges und edelsüßer Banyuls, Stilton und Port oder Cream-Sherry.
Essen und Trinken sind ja wie Frau und Mann: von Geburt an füreinander bestimmt, doch deswegen noch

lange nicht beliebig kombinierbar. Dennoch muss man bei der Suche nach dem rechten Wein zur Speise keine Doktorarbeit studieren. Weiter auf dem Weg zum Genuss kommt man mit einem gesunden Geschmackssinn plus etwas Erfahrung und Phantasie, gekoppelt mit der Lust am Ungewöhnlichen und dem Mut, auch mal wider die Regeln zu verstoßen. Dies gilt in besonderem Maße für das Verhältnis von Fisch und Wein - eine Ehe, die heute anders gesehen und praktiziert wird als noch vor zehn oder gar 20 Jahren.

Der Kenner weiß, dass es bei der Wahl des Weins weniger auf das Grundprodukt ankommt, sondern mehr auf die Art der Zubereitung, die verwendeten Gewürze sowie das Drumherum der Saucen und Beilagen. Wurde der Fisch pochiert, gedünstet, frittiert, gegrillt, gebacken oder gebraten, ist die Sauce leicht oder schwer, mild oder würzig? Gegrillte Sardinen werden sich gut mit einem mediterranen Rosé vertragen, Räucherlachs gefällt sich mit einem reifen Cabernet Sauvignon, zu Muscheln in einer Rotweinsauce schmeckt ein Roter wie der klassische Blaufränkisch.

Zur Forelle blau wird in alle Ewigkeit ein finessiger Riesling der beste Partner sein, aber schon zur Forelle Müllerin, der "Truite à la meunière" (gebraten und mit dunkelbraun geschmolzener Butter, der "Beurre noisette", übergossen) macht sich ein leichter Rotwein wie ein traditionell - nicht im Barrique - ausgebauter Spätburgunder von der Ahr oder aus dem Burgenland besser. Richtet der Koch den Zander in einer Rotweinbuttersauce ("Beurre rouge") an, dann darf ein Roter vom Typ Pinot noir oder St. Laurent im Glase funkeln. Auch Lachs und Beurre rouge verlangen nach einem Rotwein, etwa einem Beaujolais der Grand-Cru-Kategorie, einem Chianti oder Dolcetto aus dem Piemont.

Neue kulinarische Ufer erreicht man mit dem Mut zum Ungewöhnlichen. Zu karamellisiertem Apfelkuchen (leicht mit Zimt gewürzt) passt ein alter roter Burgunder. Pralinen - wie überhaupt Schokoladiges - harmonieren bestens mit Portwein sowie dem rotsüßen Klassiker Banyuls aus dem äußersten Südwesten Frankreichs. Stilton verheiratet sich schön mit altem Cream-Sherry. Und man probiere einmal Muscheln in Tomatensauce mit einem kernigen Rosé. Das sind reintönige Akkorde, die

dem Gaumen schmeicheln und uns dem Zustand des vollkommenen Glücks näher bringen.
Über allen Regeln sowie Ausnahmen im Essen-und-Trinken-Katechismus steht ein immergültiger Merksatz: "Ein kleiner Wein zu einem feinen Gericht ist immer eine Fehlentscheidung."

⊦----- ***Weißwurst:*** Eine Weißwurst ist eine Weißwurst? Warenkundlich gewiss, doch solche simple Definition treibt jedem aufrechten Bayern, wozu vor allem jene gehören, denen, ganz lieb gemeint, der Gamsbart sozusagen direkt aus dem Hinterkopf zu wachsen scheint, die Zornesröte ins Gesicht. Eine Weißwurst ist ihnen eine Weltanschauung, die man bevorzugt am späten Vormittag zu sich nimmt, mit süßem Senf, einer lauwarm aufgebackenen Laugenbrezen und hohem sittlichem Ernst. Bei der Weißwurst verewigt der Münchner seine Biedermeierphilosophie, zu der die unerschütterliche Überzeugung gehört, dass die Würste nur in Bayern schmecken und dort auch erfunden worden seien.

Letzteres darf ein bisschen bezweifelt werden. Der Mär zufolge soll der 22. Februar 1857 das Geburtsdatum der

Weißwurst sein - als Folge eines glücklich endenden Missgeschicks des Metzgerwirts Sepp Moser, dem frühmorgens in seiner Wirtschaft "Zum ewigen Licht" am Marienplatz beim morgendlichen Wursten die Schafsdärme für seine Kalbsbratwurst ausgegangen seien. Doch die Gäste, hungrig vom Faschingstreiben, wollten bedient werden, also füllte der findige Mann das Kalbsbrät in Schweinsdärme und brühte die Würste in heißem Wasser, aus Sorge, sie könnten beim Braten platzen. Man reagierte erst überrascht, dann begeistert und seither hat die Weißwurst ein zumindest offiziöses amtliches Datum.

Wahrscheinlicher ist, dass die Wurzeln der Weißwurst bis tief ins Mittelalter hineinreichen. Und es gibt die These, dass bereits im 14. Jahrhundert ein französischer Koch eine boudin blanc, also eine weiße Wurst, aus dem Kessel geholt haben soll und dass diese Kreation mit Napoleon oder auch früher nach München gekommen sei. Im "Menage de Paris" ist immerhin eine Wurst aus geschabtem Kalbsbrät nebst "Häutelwerk" aus gekochten Kopfschwarten, Zitronenschale, Petersilie und Macis-Blüte verzeichnet. Fügt man etwas Schweinespeck hinzu, so ist man der Weißwurst-Rezeptur schon sehr nahe. Das Gros der heutigen Weißwürste enthält wohl reichlich Schweinefleisch, aber traditionell korrekt ist die Dominanz des Kalbfleisches, angereichert um ein wenig Speck, aromatisiert mit Gewürzen (Pfeffer, Muskat), belebt mit frischer Petersilie und gebrüht mit zerhacktem Eis, das für die lockere und saftige Konsistenz sorgen soll.

Wie es sich für einen Mythos im Schweinsdarm gehört, umwabern ihn noch weitere Legenden - wie jene, dass die Weißwurst das mittägliche Zwölfeläuten nicht überleben darf. Diese Verhaltensregel stammt aus der Frühzeit der Wurst, als es noch keine ausreichende Kühltechnik gab und es üblich war, die Weiße roh aus der Metzgerei zu entlassen. Wegen des leicht verderblichen Bräts, das sich zudem rasch in ein unansehnliches Blassgrau verfärbte, musste die Wurst, ob zu Hause oder in der Wirtsküche, sofort gesotten werden. Ein weiterer Grund war wohl auch das Kalkül der Gastronomen, zu Mittag mehr Geschäft mit stattlichen Speisen zu machen als mit vergleichsweise billiger Weißwurst.

Mehr Gewicht als die Entstehungsgeschichte hat unter notorischen Weißwurstfans die Frage, wie man das

Objekt ihrer Begierde verzehrt. Da gibt es mehrere Schulen. Rustikal, doch weder besonders ästhetisch noch elegant und mittlerweile selten gesichtet ist die Methode des "Zuzelns"; dabei wird die Wurst in die Hand genommen und das Innere stückweise und geräuschvoll aus der Pelle gesaugt - eine Technik, die im Süddeutschen eben als "zuzeln" benannt wird. Eher verpönt ist es, die Wurst portionsweise abzuschneiden; diese Variante wird selbst dann verächtlich als "preußisch" tituliert, wenn sie von einem Japaner praktiziert wird. Einfach und stilsicher ist das längsseitige Halbieren der Wurst, deren köstliches Innere einem Kalbfleischsoufflé gleicht und würdig in mundgerechten Stücken mit süßem Senf verzehrt wird.

Wiener Schnitzel: Das Wiener Schnitzel, geboren in Byzanz, aufgewachsen in Mailand ("Costolleta alla Milanese"), vollendet in Österreich, ist ein Küchenklassiker und insofern unsterblich. Es hat Kriege überlebt, schlampige Köche und auch die Nouvelle Cuisine, deren Interpreten in ihrem Dünkel alles Panierte als rustikal abgelehnt haben, was sie jedoch nicht daran gehindert hat, sich heimlich in gutbürgerlichen Gasthöfen an eben dem Wiener Schnitzel zu delektieren, dem international berühmten Wahrzeichen der Donaumetropole.

Weil das Wiener Schnitzel nie wirklich out war, kann man nicht von einem Comeback sprechen. Wenn man jedoch sieht, dass neuerdings in weltbesten Restaurants wie beispielsweise beim berühmten "Ducasse" in Monte Carlo kleine Wiener Schnitzelchen als "Minis" vorweg serviert werden, erlaubt das die Feststellung, dass wir im neuen Zeitalter des Wiener Schnitzels leben. Dies wird noch erhärtet durch die Beobachtung österreichischer Spitzenköche, die unter ihren Gästen zunehmend deutsche Kollegen sichten, die "ein Wiener" ordern und sich dann detailliert nach der Rezeptur erkundigen.

Ein gutes Wiener Schnitzel ist zwar kein Kunststück, aber einige Richtlinien sollten schon beachtet werden. Zum einen wird jeder Klassiker immer wieder mal verfälscht - sei es, dass die Fritteuse benutzt wird oder Fleisch vom Schwein statt vom Kalb. Zum anderen gibt es verhunzte Wiener Schnitzel, die gebackenen Brettern ähneln, vor Fett triefen oder so geklopft sind wie eine Briefmarke. Damit jeder mitreden kann, soll hier das Rezept von Tante Therese verraten werden, die es wiederum von Marie übernommen hat, einer jener legendären böhmischen Köchinnen, deren Kunst die altösterreichische Küche zum Blühen gebracht hat.

Den Anfang jedes richtigen Wiener Schnitzels bildet das Kalbfleisch; am besten eignet sich die Keule (in Österreich wird das "Kaiserteil" der Schale genommen oder Fricandeau). Weil gutes Kalbfleisch selten geworden ist, muss man sich den Metzger genau aussuchen. Das Schnitzel soll - unter einer Klarsichtfolie - leicht geklopft werden, danach etwa vier bis sechs Millimeter dick sein. Die Ränder etwas einschneiden, das Fleisch diskret salzen, beidseitig mit Mehl bestäuben, durch verquirltes Ei ziehen, in der Panier aus Semmelbröseln wälzen, dabei die Brösel zart andrücken.
Tante Therese schlug die Eier (zwei Stück für vier Schnitzel, die insgesamt rund 600 Gramm wogen) mit der Gabel auf, der Mixer war verpönt. Zusätze wie Milch oder Öl lehnte sie als unartig ab. Die Brösel wurden selber von Semmeln oder Weißbrot gerieben, weil sie sicher sein wollte, dass sich darunter kein "Restgebäck" wie solches von dunklem Brot befand. Als Trickserei verworfen wurde auch der Brauch mancher Köche, das verquirlte Ei mit einem Schuss Sodawasser zu versehen. Das soll angeblich den begehrten Faltenwurf beim Schnitzel begünstigen. Hingegen erlaubte sie sich einen kleinen Schuss Schlagsahne zum Ei für die Panade.

Gebraten wird das fertig panierte Schnitzel bei hoher Hitze in einer schweren Pfanne mit reichlich Schweineschmalz. Das Schnitzel muss darin schwimmen, das Fett während des - je nach Fleischdicke drei- bis fünfminütigen - Garprozesses immer wieder über das Schnitzel schwappen, das durch rhythmisches Schütteln der Pfanne ständig in Bewegung gehalten werden soll. "Schupfen", nannte Tante Therese dieses kurze und herrische Hin-und-her-Ziehen der Pfanne, das den sogenannten Soufflé-Effekt erzeugt. Wenn die Panier, die übrigens niemals kleben darf, sondern sich wellenartig vom Fleisch lösen muss, farblich dem tiefen Goldbraun einer Stradivari gleicht, ist das echte Wiener Schnitzel fertig (das Wenden zur Halbzeit muss vorsichtig erfolgen).

Nun mit Küchenkrepp das überschüssige Fett sauber abtupfen. Serviert wird das Wiener Schnitzel klassisch mit Zitronenspalten sowie etwas Petersilie. Als Beilagen wählte Tante Therese entweder in Butter gewälzte Petersilerdäpfel und grünen Salat oder nur lauwarm angerichteten Erdäpfelsalat. Preiselbeerkompott, Gelees oder Sardellenfilets kamen als überflüssiger Tand nicht infrage.

⊢----- ***Würstchen:*** Auch beim Essen gibt es "Phänomene" genannte Dinge, die nimmt man hin, ohne über das Warum nachzudenken. Doch woran liegt es beispielsweise, dass selbst dem besten Hobbykoch ein Gulasch geschmackig nie so dicht gelingt, wie es einem im Gasthof serviert wird? Die Antwort ist einfach: Wer je die Riesentöpfe gesehen hat, in denen das Fleisch und die Zwiebeln stundenlang melancholisch köcheln, begreift, dass die Menge der Schlüssel zur geballten Aromatik ist.
Gleiches gilt fürs Sieden von Würstchen, speziell der Sorte Frankfurter alias Wiener: In der Würstelbude ist durch das 100-, ja 1000-fache Garen der Würste im selben Kessel bereits das Wasser vom Aroma der Würste brühenartig getränkt, sodass Frankfurter & Co kaum oder so gut wie keinen eigenen Geschmack mehr ans Wasser abgeben, das nach Stunden einem Fleischsud gleicht. Zu Hause lässt sich dieser Effekt nicht erzielen.

⊢----- ***Zigarre:*** Eine gute Zigarre symbolisiert Ruhe, ja Verinnerlichung, während die Zigarette für Hast steht. Otto von Bismarck hat das zeitlos beschrieben. Bei den Friedensverhandlungen 1871 hatte sich sein französischer

Gegenspieler verwundert gezeigt, dass der Kanzler eine Zigarre entzündete. "Sehen Sie", klärte ihn Bismarck auf, "die Zigarre gewährt eine leichte geistige Beruhigung, ohne unser Denkvermögen zu beeinträchtigen. Sie ist eine Ablenkung. Unwillkürlich schaut man dem blauen Rauch nach, der sich emporkräuselt, worin etwas Bestrickendes liegt, das versöhnlich stimmen kann. Man fühlt sich wohl dabei, das Auge ist beschäftigt und die Nase befriedigt."

Welche Zigarre man wählt, eine große, dicke, schlanke, schwere, leichte, das hängt von der Stimmung ab, von der zur Verfügung stehenden Zeit und auch von den Finanzen. Das ist wie beim Wein. Eine große Zigarre verlangt nach Muße. Es muss nicht immer Havanna sein, seit es exzellente Qualitäten aus der Dominikanischen Republik, aus Honduras, Nicaragua und anderen Ländern gibt. Bei der Zigarre wäre Monogamie besonders töricht und unangebracht. Es lebe die Vielfalt, nur: Im Restaurant sollte beachtet werden, dass der Genuss von Zigarre und speziell auch der Pfeife erst nach dem Dessert angebracht ist. In manchen Häusern gibt es eigene Raucher-Lounges, in die man sich zu Zigarre und Digestif zurückzieht.

August F. Winkler, in der Steiermark geboren und dort aufgewachsen, ist ein Liebhaber und Kenner des Weins sowie der Kochkunst. Der studierte Politologe hat als Bonner Korrespondent für deutsche Zeitungen berichtet, ab 1974 zunehmend auch über kulinarische Themen geschrieben. Seit einigen Jahren - und wieder zurück in der Steiermark in einem Bauernhof auf über tausend Meter Seehöhe - widmet er sich journalistisch ausschließlich den schöne Künsten à la Wein, Champagner, Küche, Zigarren & Mode, kurzum dem, was man Lebensart nennt. Man möchte neidisch werden, wenn er seinen telefonischen Anrufbeantworter mitteilen lässt, dass er im Augenblick entweder im Weinkeller oder auf den Bergen ist.

Als Autor und regelmäßiger Kolumnist tätig für Zeitungen und Magazine wie: Die Welt, Savoir vivre, Nordwest-Zeitung, Wellcome. Herausgeber des monatlich erscheinenden Gourmet & Wein-Reports. Zahlreiche Bücher, u.a.: Yquem, die Jahrhundertverkostung; Frühstück - Das Fenster zum Tag, Die hundert besten Meisterköche

Norbert Hetkamp, geboren und aufgewachsen in Westfalen, ging nach dem Abitur zunächst zum Grafik-Design Studium nach Münster und wechselte 1988 zur Parsons School of Design in New York City. Dort arbeitete er nach dem Examen in Design- und Fotostudios. Anfang der 90er Jahren zog es ihn an die Elbe nach Hamburg, wo er in Werbeagenturen als Art-Direktor u.a. für Lifestyle-Produkte und Food zuständig war. 1998 wechselte er nach Frankfurt und arbeitet seit der Zeit in den Bereichen Corporate-, Editorial- und Grafik-Design. Sein Steckenpferd neben der Buchgestaltung ist die Fotografie, wobei er sich auf Vegetarian Food und Packshots spezialisiert hat.